JN289484

データで読み解く
Initial Public Offering
IPOの世界

亜細亜証券印刷株式会社
ディスクロージャー実務研究会 [編]

税務経理協会

はじめに

　平成11年東証マザーズの開設以来，全国の証券取引所では相次いで新興企業向け市場が開設されました。それらの新設市場では，新規上場審査基準のバーが既存の市場に比べて低く設定されたこともあり，株式公開（IPO）がそれまでよりもはるかに容易となりました。その結果，新規に株式を公開する会社数はそれ以前よりも大幅に増加して，毎年150社前後の会社が新規に株式を公開する状況となっており，これに伴いIPOへの関心は一般の未公開会社の経営者はもとより大学の研究者，学生にいたるまで幅広いひろがりをみせているといわれております。

　とはいえ，IPOに関する制度や慣行などには専門的な点が少なくなく，関係者以外の人達にはいまひとつ理解し難いところがあるものです。

　ところで，当社すなわち，企業の法定開示やIRにかかるディスクロージャー実務支援サービスの専門会社である当亜細亜証券印刷株式会社では，その年に株式を公開した会社の内容や，IPOのビジネスに係わる関係者の実態等について，新規公開会社が交付をする目論見書からデータを抽出し，それらを統計的に処理して取りまとめた資料を平成8年以降毎年『株式上場白書』（ディスクロージャー実務研究会編）として刊行しております。しかし，この『株式上場白書』はどちらかといえばIPOに係わる専門家や研究者にご利用いただいており，一定の評価をいただいているもののその性格上データ中心の編集にならざるを得ないこともあり，一般にはなじみのあるものとは言いがたいものとなっておりました。

　そこで，当社の山田新一ディスクロージャー研究部部長・理事（公開担当）が当該白書データを読み解き，平易に解説を加えるとともにこれと併せて同研究部公開グループにおいてここ数年にわたる白書データの再編集を行い，ディスクロージャー実務研究会編として取りまとめ『データで読み解く「IPOの世界」』として本書を刊行することとしたものです。

本書は，四つの章から構成され，まず第一章の入門編では株式公開の基礎知識と題して，IPOの仕組みや，最近の傾向について解説をしています。

　第二章と第三章では新規公開会社の素顔を，それぞれ人的側面と経営財務数値のデータからとりあげて紹介をします。

　第四章では株とIPOにまつわるお金にスポットライトをあてて分析し，IPOの実態に迫ります。

　本書の編集にあたっては，過去10年間にわたる『株式上場白書』の中から，IPOに関する入門用の資料としてご活用いただけるよう，できるだけ多くのデータを分析，整理して掲載いたしました。また，最も若い社長や従業員給与の高い会社等々の興味深いデータも数多く取り上げ紹介するなど気軽にIPOの世界の実像を垣間見ていただけるよう心掛けたつもりです。

　本書がひとりでも多くの読者にご利用いただき，さらにはこれを機会に，当社刊行の『株式上場白書』（政府刊行物サービス・センターにて販売）をも併せご購読いただければ幸いです。

平成18年1月

　　　　　　　亜細亜証券印刷株式会社
　　　　　　　常務取締役 ⎛ディスクロージャー研究部担当⎞
　　　　　　　　　　　　 ⎝ディスクロージャー制度調査室長⎠

　　　　　　　　　　　　　　　　　　藤　田　厚　生

目次

はじめに

第一章　入門編（株式公開の基礎知識）

1　上場する証券取引所は会社が選ぶもの······3
株式公開（IPO）·3　　証券取引所·4　　新興企業向け市場·6
重複上場·9

2　株式公開の成否を握る主幹事証券······11
主幹事証券会社·11　　引受証券会社·13　　引受手数料·14

3　株式公開にかかわる関係者······16
公認会計士（監査法人）·16　　株式事務代行機関·16
ベンチャーキャピタル（VC）·19　　ロックアップとは·20

4　公開株の値段はどのように決まる？······21
ブックビルディング·21　　1月・5月は新規上場に不適な時期·22

5　流行の業種は？······25
証券コード·25　　新規上場の多い業種·25
増加の業種，減少の業種·27

6　上場までに何年かかる······30
市場別の傾向·30　　最短での上場·34

第二章　会社の素顔・人間編（社長，株主，役員，従業員）

1　社長の年齢······39
上場時の社長平均年齢·39　　若社長·39

2　オーナー系か子会社系か······44
プライベートカンパニー·44　　オーナー会社と持株比率·47
インセンティブプラン·47　　子会社の上場·49

3 役員・従業員の人数 ·· 52
　役員（取締役・監査役）の人数・52　　執行役員制度・55
　従業員の人数・55　　最少従業員数の新規上場会社・56

 4 従業員の年齢・勤続・給与 ·· 59
　平均年齢30代前半・59　　平均年齢の高い会社・59
　従業員が若い会社・61　　平均勤続年数は？・62
　勤続年数と社歴の関係・62　　平均年収500万円・64
　年収の多い会社，少ない会社・65

第三章　会社の素顔・経営成績編（経営財務指標）

 1 財務諸表を読む前に ·· 71
　連結財務諸表作成会社・71　　ホールディングカンパニー・72
　決算月は，やはり3月・73　　目論見書と決算短信の情報・73

 2 総資産・純資産・株主資本比率 ·· 76
　総資産・76　　純資産・80　　純資産規模と株主資本比率・82
　株主資本比率が90％以上の会社・85

 3 売上高・当期純利益・配当 ··· 86
　売上高・86　　当期純利益・89　　投資単位とは・93
　投資単位当たり純利益・94　　未公開会社でも配当はある・97

第四章　株とお金編（資本政策・新規公開株）

 1 資　本　政　策 ·· 101
　資本政策って何？・101　　上場間近の資本政策・104
　株式分割は使いよう・106　　単元株制度と株式併合・108
　減資と欠損塡補・110　　非上場会社が公募増資？・111
　ストックオプション・112　　資本金・発行済株式・潜在株式・114

 2 株式公開でいくらのお金が集まるか ·································· 120
　上場時公募・売出し・120　　オーバーアロットメント・123

　　　　　　　　　　　　　　　　　　　　　　　　　　目　次

　売出株の放出元・*125*
3　公開価格と上場初値の関係 …………………………………………… *126*
　公開価格はいつでも割安・*126*　　値上りランキング・*129*
　値上り率グループ別の要因分析・*132*　　主幹事証券の傾向・*133*
　上場時期の問題・*135*

第一章

入 門 編
（株式公開の基礎知識）

第一章

入 門
〔第二章以下の手びき〕

第一章　入門編（株式公開の基礎知識）

> 　株式公開の世界は，夢を現実のものとしたサクセスストーリーにあふれています。しかし，株式公開に関する制度や手続などは，これに係わる関係者以外の人達にはなかなか馴染みがないこともあって，とても専門的で複雑そうに見えます。事実，その仕組みは専門的で複雑ではあるのですが，この章では専門家ではない読者の皆様でも基礎的な事柄が理解できるよう，株式公開にかかる制度や実務の実態などについて，データを使いながら平易に解説をします。

1　上場する証券取引所は会社が選ぶもの

株式公開（IPO）

　株式公開とは，会社が広く一般投資家から資金調達をし，その対価として会社が新規に発行した株式や，大株主が放出した既発行の株式が，株式市場で投資家の売買の対象として取引されるようになることです。つまり，株主を内輪の者だけに限っていた状況から，見ず知らずの他人にも開放するという意味を込めて，「公開」というわけです。

　また，株式公開のことを IPO と英語の略称で言い表すこともよくあります。これは Initial Public Offering の略称で，これも日本語の株式公開という語感と同様に，なかなかフィットした表現のように思えます。

　株式公開により，株式が証券取引所で取引されるようになることを上場といいます。株式を発行する会社は，上場しようとする証券取引所に上場の申請をし，審査をパスすれば上場会社となることができます。上場会社になると，証券市場からの資金調達の道が開けることに加え，会社の知名度が増し信用力が向上するなどの副次的な効果が期待できます。

　さらに，株式に公正な価格が付されることにより，役員，従業員へのストックオプションの付与や，従業員持株会などの施策が効果を発揮することになります。また，株式交換などの方法により他社を買収する際，自社の発行する株

式が買収通貨として使えるようにもなります。

このようなメリットがある一方で，株式公開とは会社情報を広く一般に公開することでもあり，上場会社はそれに伴うコストを負担しなければなりません。また，株主からのさまざまな要望に対応していくことも必要となり，さらには会社が買収の標的となるリスクにもさらされることになります。

このようなマイナス面などを考慮し，最近では上場会社が非公開化の道を選ぶという動きもでています(注1)。これから上場を目指す会社は，このようなマイナス面も念頭に置く必要があるでしょう。

証券取引所

株式の取引は，現在我が国に六つある証券取引所で行われています。そこで，株式公開をしようとする会社は，どこの証券取引所に上場するのかを考えて，上場しようとする証券取引所に株式上場の申請を行うことになります。

では，どこの証券取引所を選べばよいのでしょうか？

かつては，上場しようとする会社は，その営業の主体がある地域に存在する証券取引所にまず初めに上場申請をすることになっていました。愛知県に店舗を構えるスーパーの会社は，名古屋証券取引所に上場するという具合です。

これを証券取引所のテリトリー制と言って，上場しようとする会社よりも，証券取引所の都合を優先させたいわば縄張りの取り決めです。東京への一極集中を避けようとする意味合いでしたが，さすがに，この取り決めは平成12年に廃止をされ，今では上場希望会社は全国どこの(注2)証券取引所にも上場申請をすることができることになりました。

六つの証券取引所とは，札幌，東京，ジャスダック，名古屋，大阪，福岡の

(注1) 平成17年7月アパレル大手のワールド，同年8月飲料大手のポッカが経営陣が自社を買収するMBO（マネジメント・バイ・アウト）の手法を使い，相次いで非公開化することを発表しました。
(注2) 福岡証券取引所の開設する新興企業向け市場のQ-Boardは，現在でも九州周辺（九州，沖縄，中国，四国）に営業の主体がある会社のみ上場申請を受け付けています。しかし，これに該当する会社は，他の証券取引所に上場申請することもできるのが，かつてのテリトリー制と違うところです。

第一章 入門編（株式公開の基礎知識）

◆◇ 図表1　本店所在地別新規上場会社数（平成16年～17年上半期）◇◆

	東証	JDQ	大証	名証	福証	札証	合計
北海道		2				1	3
東　北	1	3					4
関　東	74	67	25	8			174
中　部	6	13		2			21
近　畿	10	13	9				32
中　国	2	4			1		7
四　国		1	1				2
九　州	2	4			2		8
海　外	1		1				2
合　計	96	107	36	10	3	1	253

（注）同時重複上場　3社は各取引所に重複して計上。

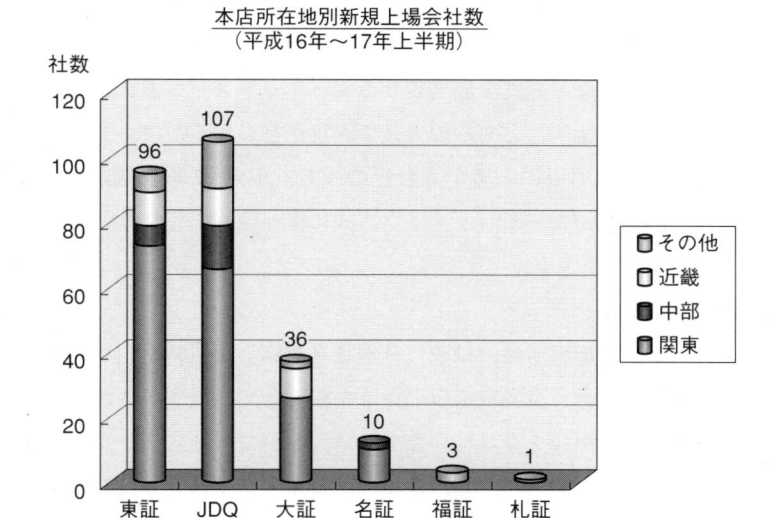

本店所在地別新規上場会社数
（平成16年～17年上半期）

社数

	東証	JDQ	大証	名証	福証	札証
	96	107	36	10	3	1

凡例：その他／近畿／中部／関東

各証券取引所ですが，関東に本社がある会社が大阪，名古屋の取引所に，あるいはその逆に近畿の会社が東京の取引所に上場するのは，日常茶飯事のことで，何もめずらしいことではありません。
　(図表1)は各証券取引所への，最近の新規上場会社の本店所在地別分布です。大証，名証に上場する会社は，関東の会社が圧倒的に多く，中部，近畿の会社の多くが東証やジャスダックに上場していることがわかります。
　六取引所のうち，東京，名古屋，大阪の三取引所には，上場会社の規模に応じて市場第一部と第二部の区分があります。そして，新規に上場する会社は，特別に規模の大きい会社以外は原則として市場第二部に上場することになっています。
　証券取引所は証券取引法に基づき，内閣総理大臣の免許を受けて設立されますが，役所ではなく，れっきとした民間の組織です。六証券取引所のうち，札幌と福岡が会員制法人で，あとの四つは株式会社組織です。
　また，六証券取引所で行われる株式の売買は，投資家の売り・買いの注文同士の競争売買であるオークション方式という方法で行われます。ところがジャスダック証券取引所だけは，オークション方式の売買の他に，証券会社が投資家の注文の相手方となり売買を成立させるマーケットメイク方式という方法での売買も行われています。どちらの方式で売買が行われるかは，上場会社の選択によります。同取引所に上場する会社のうち，平成17年8月末でおよそ4分の1の会社の株式がマーケットメイク方式により売買をされています。

新興企業向け市場

　ジャスダック証券取引所は，以前に日本証券業協会が運営をしていた店頭市場が，平成16年12月に証券取引所の免許を取得して組織変更されたものです。その際に店頭市場に登録をされていた会社は，すべてジャスダック証券取引所の上場会社へと移行しました。したがって，ジャスダック証券取引所の上場会社は，旧店頭登録会社ということもあって，既存の証券取引所の上場会社に比べて，比較的に規模が小さい企業が多く上場されています。

第一章　入門編（株式公開の基礎知識）

　さらに，他の五証券取引所も，従来から存在する市場の他に，いわゆる新興企業向け市場をそれぞれ開設しています。これらは，平成11年11月の東証マザーズを皮切りに，相次いで開設された大証ヘラクレス（旧ナスダック・ジャパン），名証セントレックス，札証アンビシャス，福証Q-Boardの合計五つの市場です。

　これらの市場は，ジャスダックも含めて新興企業向け市場と呼ばれていますが，新興企業でないと上場できないということではありません。新興企業向け市場は，会社としての実績が乏しい，あるいは規模的に小さいという会社であっても，成長の可能性があれば証券市場から資金調達ができるようにする目的で開設された市場であり，それらには新興の企業が比較的多いのでこのように呼ばれているに過ぎません。

　そのため，比較的容易に上場できるよう上場基準を緩和しているので，最近の新規上場は，既存の市場よりもこの新興企業向け市場に上場する会社の数の方がはるかに多くなっています（図表2）。

　しかし，新興企業向け市場もここまで決して順調に上場会社を増やしてきたわけではありません。東証マザーズでは，平成11年の市場開設と同時に第1号として上場したリキッド・オーディオ・ジャパンの上場当時の社長が，平成12年10月，不祥事により逮捕される事態が発生しました。これにより，マザーズの市場イメージが低下し，平成13年・14年と新規上場会社数が低迷する影響を受けました。

　大証では，平成14年8月，ナスダック・ジャパンとの業務提携が解消され，同年12月には新興企業向け市場の名称もナスダック・ジャパンからニッポン・ニュー・マーケット「ヘラクレス」に変更されました。それまでは，アメリカのナスダック市場との提携を背景としたベンチャー企業向け市場のイメージにより上場会社を増やしてきただけに，この提携解消の影響は大きく，平成15年には新規上場会社数の大幅な減少を余儀なくされました。そしてまた，大証では投資家からの注文量の増加により売買システムが遅延し，ヘラクレスへの上場申請の受付けを平成17年6月～10月の間は凍結せざるをえない事態

◆》 図表2 市場別新規上場会社数 《◆

市場		平成 12年	13年	14年	15年	16年	17年（上半期）
既存市場	東京証券取引所	24	16	20	17	22	6
	大阪証券取引所	12	3	3	3	3	0
	名古屋証券取引所	4	1	1	0	0	0
	福岡証券取引所	1	0	0	0	0	0
	札幌証券取引所	1	0	0	0	0	0
	計	42	20	24	20	25	6
新興企業向市場	ジャスダック証取	97	97	68	62	71	36
	東証マザーズ	27	7	8	31	56	12
	大証ヘラクレス	37	43	24	7	16	16
	名証セントレックス	0	1	0	0	5	3
	福証Q-Board	0	0	0	1	1	2
	札証アンビシャス	0	1	0	0	1	0
	計	161	149	100	101	150	69
合　計		203	169	124	121	175	75

既存市場と新興企業向け市場の新規上場会社数

□既存市場　■新興企業向け市場

社数

平成（年）	既存市場	新興企業向け市場
12	42	161
13	20	149
14	24	100
15	20	101
16	25	150
17(上)	6	69

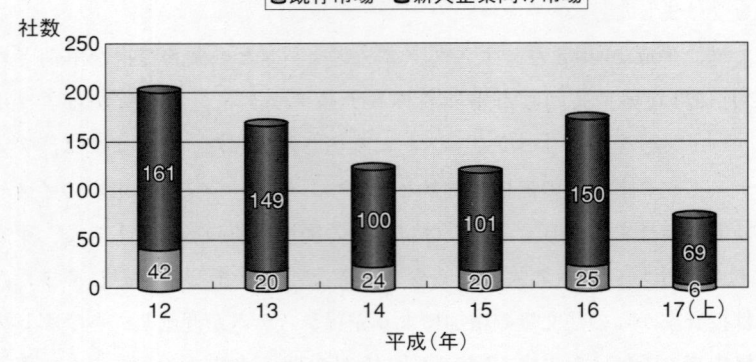

にも直面しました。

一方，新市場を開設してからしばらくは，ほとんど上場会社がなかった名証セントレックス，福証 Q-Board には，最近になってようやく両証券取引所の上場会社誘致の効果が現われてきたのか，少しずつ新規上場会社が増えてきたようです。

このような新興企業向け市場の動きに対し，既存市場では相変わらず地方取引所への新規上場が少なく，東証第一部・第二部への新規上場が集中する傾向が続いているといえそうです（図表2）。

重複上場

株式公開の目的は，第一義的には証券市場を通じた資金調達の道を確保することといわれています。そのためには，わが国のどこか一つの証券取引所に上場すれば，この目的は達成できます。しかし，上場会社のなかでもやはり東証第一部上場会社，というブランドの魅力とでもいうことでしょうか，東証への鞍替え，あるいは他の取引所に上場したまま東証にも重複して上場をするという動きは相変わらず活発で，その数はコンスタントに年間50社以上もあり，東証へ新規上場する会社のうちの多くを占めており（図表3），なかでもジャスダック経由で東証に上場する会社は毎年30社以上の数にものぼります。

株式公開とは一般投資家にも当該企業の株式を開放することですから，例えば既にジャスダックに上場していた会社が東証に鞍替えをする場合は，東証へは新規上場となりますが，株式の新規公開とは言いません。もちろん鞍替えするのは会社の自由ですが，このようなケースは経由上場あるいは移籍上場と言って，株式公開の範疇からは除外するのが一般的ですので，本書でも株式公開といえば初めて株式を上場した会社のみを指しています。したがって経由上場会社は，（図表2）の新規上場会社数からも除外してあります。

鞍替えは，それまで上場していた証券取引所の上場を廃止して，他の証券取引所に新規上場することですが，これに対して，一つの証券取引所に上場したまま他の証券取引所に上場するのが重複上場です。ジャスダックが店頭市場か

◆◇ 図表3　東証への新規上場会社数 ◇◆

区分		平成 14年		15年		16年		17年（上半期）	
		社数	比率	社数	比率	社数	比率	社数	比率
直接上場	東証一・二部	20	25.0	17	16.7	22	15.9	6	13.0
	東証マザーズ	8	10.0	31	30.4	56	40.6	12	26.1
	小計（新規公開）	28	35.0	48	47.1	78	56.5	18	39.1
移籍・重複上場	店頭市場（ジャスダック）から東証一・二部へ移籍（注1）	31	38.8	34	33.3	44	31.9	25	54.3
	大証,名証,福証,札証上場から東証一・二部へ移籍・重複上場（注2）	21	26.2	20	19.6	16	11.6	3	6.5
	小計（移籍・重複）	52	65.0	54	52.9	60	43.5	28	60.9
東証への新規上場合計		80	100.0	102	100.0	138	100.0	46	100.0

(注1) 店頭市場から東証マザーズへの移籍はありません。
(注2) 平成15年に東証マザーズに上場した1社（大証ヘラクレス上場会社）を含みます。

東証新規上場会社数

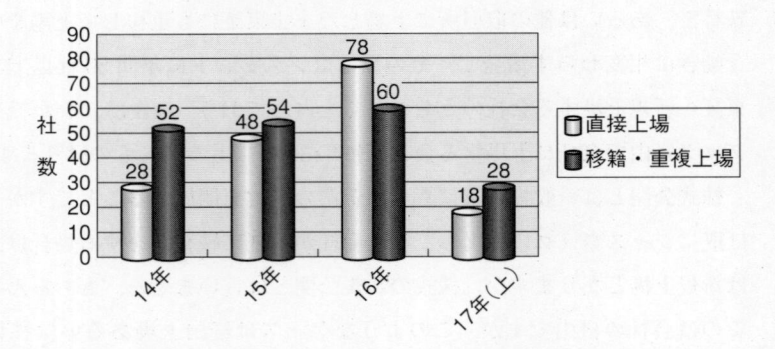

ら証券取引所に衣替えをした理由の一つには，この重複上場を可能とすることがあったともいわれています。

　証券取引法の上では，店頭市場は店頭売買有価証券市場として，証券取引所が開設する取引所有価証券市場とは性格が異なるものとされていました。このため，これまでは東証に上場したいと考える店頭登録会社は，上場を果たしたならば店頭登録は廃止するしかありませんでした。しかし，店頭市場を証券取

引所に衣替えすれば，発行会社は東証に上場したとしても，証券取引所となったジャスダックにも相変わらず重複して上場し続けることが可能となり，逆に，東証や大証に上場する会社がジャスダックに重複上場する可能性もないわけではありません(注)。

毎年30社以上もの会社がジャスダックから東証に鞍替えする状況を見ると，ジャスダックが証券取引所に移行した理由の一つとして，このようなことを考慮に入れていたのではないかとも考えられます（図表3）。

上場会社の争奪をめぐる市場間競争の熾烈さを垣間見る思いがします。

2 株式公開の成否を握る主幹事証券

主幹事証券会社

会社が株式公開をしようとする場合，主幹事証券会社は上場のための助言や準備計画，証券取引所や財務局との折衝，公募・売出しのための株式引受など，会社の協力者として上場全般にわたり支援をすることになります。

上場準備には通常2～3年かかりますので，主幹事証券会社とは長い付き合いとなります。そこで，主幹事は会社と相性のよい証券会社を選ぶことが，株式公開を成功に導くポイントとなってきます。また，東証マザーズ市場へ上場するときなどは，主幹事証券会社がその会社の成長性についてどのように判断をしたのかを，東証は主幹事証券会社に上場申請前にヒヤリングをして確認をします。この東証による事前確認に的確に対応できない証券会社を主幹事証券としたような場合には，上場申請の受付がスムーズに進まないこともありますので，この点からも会社は主幹事証券を選ぶときには，慎重を期す必要があります。

（図表4）は，最近の新規上場会社で主幹事をつとめた証券会社のシェアー

(注) 東証市場第一部に上場をしていた日本駐車場開発は，平成17年3月28日に，ジャスダック証券取引所に他市場銘柄として初めて重複上場をしました。

◆◇ 図表4　証券会社別主幹事獲得社数 ◇◆

平成 証券	既存市場				新興企業向け市場			
	14年	15年	16年	17年 (上半期)	14年	15年	16年	17年 (上半期)
野　村	12	8	11	1	17	18	28	11
日　興	2	2	2	1	21	15	21	11
大　和	8	8	4	4	14	16	18	11
新　光			3		14	15	18	12
UFJつばさ		1	2		11	6	14	
三　菱			1		8	5	7	2
東　洋					1	3	5	
いちよし					2	3	3	3
エイチ・エス						4	12	2
みずほインベ						1	12	3
その他	2	1	2		12	15	12	13
合　計	24	20	25	6	100	101	150	69

（注）新興企業向け市場には，ジャスダックも含んでいます。

です。これによると，既存の第一部・第二部市場への新規上場（そのほとんどが東証）は，野村，日興，大和の大手3社が主幹事をつとめるケースが圧倒的に多いことがわかります。

一方，新興企業向け市場では，主幹事のシェアーは多くの証券会社に分散し，最近になるほどさらにその傾向を強めています。（図表4）で「その他」に分類した証券会社で，平成14年から17年上半期までの3年半の間に2社以上の新規上場会社の主幹事をつとめたのは，みずほ，HSBC，SMBCフレンド，コスモ，東洋，こうべ，東海東京，ディー・ブレインなどの各証券会社です。

また，セントレックス，Q-Board，アンビシャスの三市場にこの3年半の間に上場した12社の主幹事証券会社は，こうべ，エイチ・エス，ディー・ブレイン，ライブドアなど，この分野では新興の証券会社ですべて占められているのも特徴的です（図表5）。

◆▷ 図表5　セントレックス・Q-Board・アンビシャスに上場した会社（平成16年～17年上半期）の主幹事証券 ◁◆

主幹事証券	セントレックス	Q-Board	アンビシャス
こうべ	4	―	―
エイチ・エス	3	―	―
ディー・ブレイン	―	2	1
ライブドア	1	―	―
東洋	―	1	―
合計	8	3	1

引受証券会社

　証券取引所では，取引所市場で実際に流通する一定の株式量を発行会社に確保させるため，上場審査基準において上場時に必要とされる株主数や上場株式数の最低数量，役員・大株主など少数特定者の持株比率の上限などを定めています。この基準を満たすため，会社は新規上場日の直前に公募増資，あるいは大株主の持株の売出しなどを行い，一般投資家に株式が販売されます。

　このときに販売される株式が新規公開株です。

　証券会社は株式を投資家に販売することを目的に，発行会社あるいは大株主から株式を一旦取得するための引受契約を締結し，引受証券会社となります。主幹事証券会社が，株式公開に関する全般的な指導や証券取引所など関係機関との折衝・調整の役割を果たすのに対して，新規公開株を投資家に販売する役割を担うのが引受証券会社です。そして，主幹事証券会社は引受証券会社も兼ねるのが一般的です。

　通常，発行会社は株式が順調に販売されるよう，主幹事証券会社以外にも複数の証券会社と引受契約を締結します。新規公開株の場合は，新規上場会社1社当たり平均約9社の証券会社を引受証券会社としています（図表6）。

　そして，引受証券会社のなかでも主幹事証券会社が最も多くの新規公開株を引受け，そのシェアーの分布は（図表7）のとおりで，平均的には6割強を引

◆◇ 図表6　新規上場会社　1社当たり平均引受証券会社数 ◇◆

年	平均社数	最多社数（会社名）	最少社数（会社名）
14年	8.9社	24社　（綜合警備保障）	3社　（ビービーネット他）
15年	9.0社	23社　（石油資源開発）	4社　（日本ベリサイン他）
16年	9.2社	43社　（電源開発）	3社　（セック他）
17年（上半期）	8.6社	14社　（博報堂DY）	4社　（アビックス）

き受けています。また，新規公開株の公開価格の決定などでも，引受証券会社のうちで主幹事証券会社が最も深く関与し，株式公開の成否に大きく影響を与えることになります。

引受手数料

公開価格（発行価格）の決定は，上場関係規則ではブックビルディング方式と入札方式のいずれかによることとされていますが，実際にはほとんどのケースで主幹事証券会社が行うブックビルディング方式により決定されます。

公開価格が決まると同時に，公開価格から引受手数料相当額を差し引いた引受価額が決定され，引受証券会社は引受価額で発行会社から公開株式の買取引受を行い，発行会社に引受価額の総額を払い込むことになります。例えば公開価格が1,000円と決まり，引受手数料相当額を5円とすれば，引受価額は995円となります。つまり，証券会社は発行会社から新規公開株を995円で買取り，それを1,000円で投資家に販売することになるわけです。

この方式はスプレッド方式と呼ばれ，発行会社にとって引受手数料相当額の1株当たり5円は，財務会計上の新株発行費としては認識されません。発行会社は995円で新株を証券会社に買い取ってもらった，という認識です。このため，上場直後の業績に，新株発行費用相当額がマイナスの影響を与えることがないので，最近では新規公開はこの方式により処理されるケースがほとんどといえます。

第一章　入門編（株式公開の基礎知識）

◆▷ 図表7　主幹事証券会社の引受シェアー分布（平成14年〜17年上半期）◁◆

シェアー	14年	15年	16年	17年（上半期）
40%未満		2	5	2
40〜45	1	1	2	2
45〜50	1	2	1	1
50〜55	3	4	9	2
55〜60	19	10	10	4
60〜65	52	31	32	8
65〜70	27	37	40	22
70〜75	17	29	59	26
75〜80	1	3	14	3
80%以上	3	2	3	5
合　計	124	121	175	75
平均シェアー	62.61%	63.23%	65.64%	65.78%
最大シェアー（会社名・主幹事）	80.0%（ザイオン他・野村他）	81.0%（あきんどスシロー・大和）	80.0%（セック・野村）	85.0%（インテックグローバル・日興）
最小シェアー（会社名・主幹事）	40.0%（NIFベンチャーズ・UFJつばさ）	21.0%（石油資源開発・野村他）	19.2%（国際石油開発・野村他）	30.4%（ハビックス・大和）

主幹事証券会社の引受シェアー分布

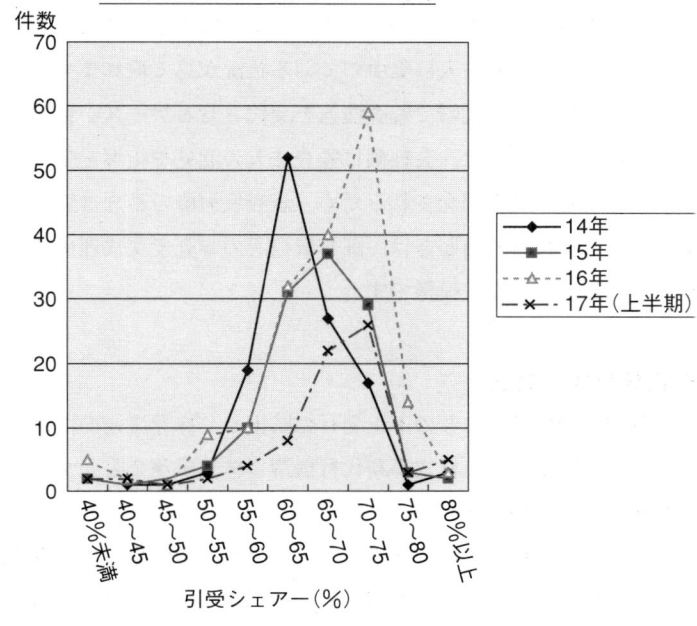

3 株式公開にかかわる関係者

公認会計士(監査法人)

証券取引所に株式の上場を申請するときには、原則として申請会社の2年分の財務諸表等に、公認会計士の監査証明を添付して提出することが証券取引所の規則により求められています。この監査証明を受けるためには、監査法人との間に監査契約を締結し、証券取引法に基づく公認会計士の監査を受けなければなりません。また、公認会計士は監査証明にかかる業務だけでなく、株式公開の準備段階で主として会計面や内部管理体制を整備するための支援も行います。

証券取引所の規則では、公認会計士の監査は監査法人により行われるか、個人の公認会計士の場合は2人以上により行われるもの、とされています。(図表8)は監査法人別の新規上場会社監査業務獲得社数の推移です。これをみると新規上場会社のほとんどが、個人ではなく監査法人に監査業務を依頼し、しかも上位の四大監査法人に集中している状況が見て取れます。

なお、上場準備の段階で監査法人を交代させるケースが稀にあるといわれます。このような場合は、会社側に監査法人の意見や指導を受け入れられない事情が存在することが懸念されるため、証券取引所の審査は慎重になりがちです。監査法人を交代させたときは、証券取引所の審査で交代理由等の説明を詳しく求められることになる模様です。

株式事務代行機関

証券取引所では、株券の不正発行の防止や、株券流通の円滑化を図るため、証券取引所が承認する株式事務代行機関に株式事務を委託することを、上場会社に義務付けています。

株式事務代行機関では名義書換、株券発行、予備株券保管等の株式事務全般の事務処理を行います。証券取引所が承認する株式事務代行機関は、信託銀行

第一章　入門編（株式公開の基礎知識）

◆◇　図表8　監査法人別監査業務獲得社数　◇◆

	14年	15年	16年	17年（上）
トーマツ	36	23	56	19
中央青山	27	30	37	14
新日本	28	30	35	16
あずさ（朝日）	14	15	24	14
三　優	4	4	5	4
創研合同	1	2	4	1
優　成	2	1	2	0
その他（内個人）	12 (0)	16 (0)	12 (2)	7 (0)
合　計	124	121	175	75

監査法人別監査業務獲得件数

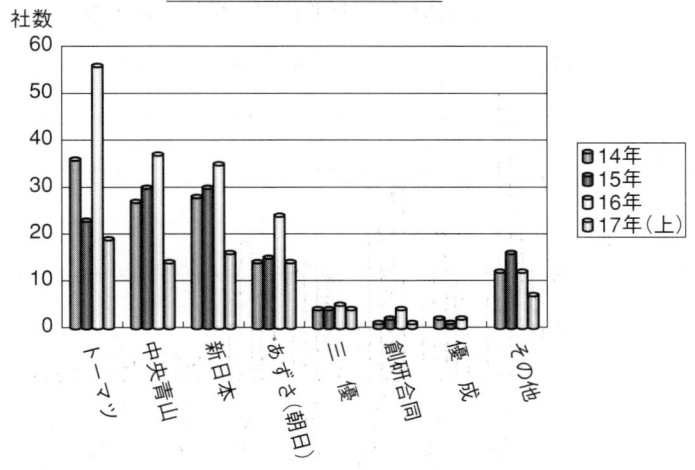

と代行専業3社（日本証券代行，東京証券代行，だいこう証券ビジネス）で，各社の新規上場会社シェアーは（図表9）のとおりです。

◆◇ 図表9　株式事務代行機関別新規上場会社獲得社数 ◇◆

	14年	15年	16年	17年（上半期）
UFJ信託	28	42	56	16
みずほ信託	15	22	28	14
中央三井	37	20	28	14
住友信託	19	20	22	10
三菱信託	15	11	26	10
日証代行	4	3	4	5
東証代行	4	2	8	4
だいこう	2	1	3	2
合　計	124	121	175	75

株式事務代行機関別新規上場会社獲得社数

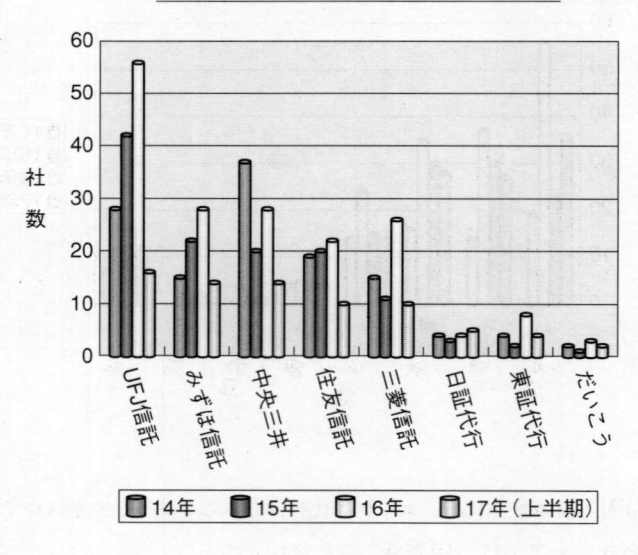

第一章 入門編（株式公開の基礎知識）

ベンチャーキャピタル（VC）

　未上場会社にとって外部からの資金調達は，程度の差はあるとしても，おしなべて頭を痛める問題でしょう。特に会社設立後間もない新興企業にとっては切実な問題であり，金融機関からの借入には，社長個人の債務保証が求められることも少なくありません。そこで，新規上場会社の約7割がベンチャーキャピタルから出資を受けて資金を導入しています。マザーズ，ヘラクレスなどの新興企業向け市場に上場した会社では，さらにその比率が高くなる傾向があるようです（図表10）。

　一方，ベンチャーキャピタルが株主となっていない会社には，やはり親会社等のある会社が比較的多いようです（図表11）。親会社等がない未上場会社にとって，ベンチャーキャピタルはいまや必要欠くべからざる存在となっていることがうかがえます。

◆◇ 図表10　市場別新規上場会社のVC株主の有無の状況 ◇◆

		14年		15年		16年		17年（上半期）	
			割合		割合		割合		割合
		社	％	社	％	社	％	社	％
ベンチャー株主有り	既存市場	10	50.0	9	52.9	11	50.0	5	83.3
	ジャスダック	48	70.6	47	75.8	49	69.0	23	63.9
	マザーズ	8	100.0	28	90.3	46	82.1	10	83.3
	ヘラクレス	22	91.7	7	100.0	13	81.3	9	56.3
	その他新興市場			1	100.0	7	100.0	4	80.0
	計	88	※71.0	92	※76.0	126	※72.0	51	※68.0
ベンチャー株主無し		36	※29.0	29	※24.0	49	※28.0	24	※32.0
合　計		124	100.0	121	100.0	175	100.0	75	100.0
最多ベンチャー株主数（会社名）		28社 ネットビレッジ		37社 アブリックス		35社 エルピーダメモリ		27社 大和システム	

（注1）割合は各市場の新規上場会社数に対する割合。ただし※印は当該年の全新規上場会社数に対する割合。
（注2）ベンチャーキャピタル数には投資事業組合を含んでいる。

19

◆◇ 図表11　ベンチャー株主無しの会社の内訳 ◇◆

	14年		15年		16年		17年（上半期）	
	社数	構成比	社数	構成比	社数	構成比	社数	構成比
親会社等あり	14	38.9	15	51.7	39	79.6	11	45.8
親会社等なし	22	61.1	14	48.3	10	20.4	13	54.2
計	36	100.0	29	100.0	49	100.0	24	100.0

　ベンチャーキャピタルは，上場の見込みのある会社に出資する形で資金提供を行い，上場後に，株式を売却して利鞘を得ることを業としています。したがって，上場申請会社の株主にベンチャーキャピタルが名を連ねている場合，上場後にそれらの持株は売却されるものと考えてよいでしょう。ベンチャーキャピタルの持株比率が高い場合は，目論見書の「第2部　企業情報」のうち，「事業等のリスク」に情報として記載されます。

ロックアップとは

　ベンチャーキャピタルは，資金効率を高めるため，未上場会社への投資時期をできるだけ上場間際としがちです。特に我が国のベンチャーキャピタルは，このように上場を間近に控えた企業への，ハンズオフ型(注)の投資が多いといわれています。しかし，証券取引所では短期間に大幅なキャピタルゲインを得ることを抑制する目的で，上場申請直前期末の1年前から上場日までの間に第三者割当増資を受けた株式は，上場後6ヶ月間は売却しない旨の確約の覚書を株主と取り交わすことを，上場申請会社に求めています。平成16年に新規上場した175社をみると，このうち60社がこれに該当しています。

　このように，一定期間株式を売却しないとする約束をロックアップといい，証券取引所の規則によるもの以外にも，発行会社が株主とこの覚書を任意に締結する場合もあり，平成16年の新規上場会社のうち，新生銀行，三井物産テ

（注）　ハンズオフ型に対して，投資先企業の経営内部に深く関与し，会社価値向上のための活動を行う経営参加型投資をハンズオン型といいます。

レパークなど17社がこのようなロックアップの覚書を締結しています。

　ロックアップは，上場後の一定期間は株式の需給関係が悪化しない効果が期待できますが，ロックアップ明けの時期が到来すると，当該株式が売却される可能性が高いため，投資家は注意が必要です。

4 公開株の値段はどのように決まる？

ブックビルディング

　通常，新規上場に際しては公募増資あるいは大株主の株式売出しにより，投資家に新規公開株が販売されます。この時の販売価格，いわゆる公開価格については，入札方式もしくはブックビルディング方式のいずれかによることとされていますが，実際にはほとんどがブックビルディング方式により決められています。

　ブックビルディングとは，需要積上げ方式とも呼ばれ，投資家に公開株取得の需要があるかどうかを申告してもらう時に，公開価格の価格帯を例えば1,000円～1,200円のように仮条件として提示し，それによる需要状況を踏まえて，公開価格を決める方法で，具体的には次のような手順を踏んで決められます。

① 想定価格の決定

　主幹事証券会社が，マーケットの環境や，類似会社の株価と1株当たりの配当，利益，純資産との関係などを参考にはじき出した想定株価を発行会社に提案し，両者協議の上，想定価格を例えば1,200円などと決定します。

② 仮条件の決定

　発行会社と主幹事証券会社は，機関投資家などのプロ投資家を相手に，会社説明会（ロードショー）を開いたり個別訪問をして，想定価格の妥当性などについてヒヤリングを行います。そして，そのヒヤリング結果などを踏まえて，発行会社と主幹事証券会社が協議し，仮条件の株価レンジを例えば1,000円～

1,200円などと決定します。

③ 公開価格の決定

引受証券会社が、仮条件を提示した上で投資家から集めた需要（価格と株数）を主幹事証券会社に報告します。それらの需要状況等を基にして、発行会社と主幹事証券会社が協議し、最終的に公開価格を1,200円などと決定します。

1月・5月は新規上場に不適な時期

公開価格が決まると、その価格で投資家に株式を販売する募集期間を経て、上場日を迎えることになります。そこで、募集の段階でマーケットの環境や類似会社の株価などが、前に掲げる①～③の手続きをしていた時の環境から、かけ離れてしまう状況ですと、株式の販売が順調に進みません。その結果、最悪の場合には株式上場を延期しなければならないこともあるのです(注)。

そのようなリスクを避けるために、公開価格の決定に際しては、IPOディスカウントという要素も加味する必要が出てきますが、何といっても①から始まる手続の期間をできる限り短くすることが大切になってきます。また、③の公開価格の決定から上場までの期間も同様に、短くしなければなりません。もちろん、商法で定められている新株発行の法定公告から払込期日までの必要期間、証取法で必要とされている有価証券届出書提出からその効力発生までの期間などは、これを確保しなければなりませんので、株式公開に際しての公募・売出しの日程には1ヶ月近くを要するとはいえ、1日たりとも余裕をとらずに日程が組まれることになります（図表12）。

この手続の間は、株式市場に大きなインパクトを与えるような出来事が起こらないようにと、主幹事証券も発行会社も祈るばかりの毎日を過ごします。市場に影響を与えるような出来事のほとんどは制御不能で、しかも休日でも起こ

(注) 最近の事例では、平成17年6月23日にマザーズに上場する予定であったインターネットイニシアティブの新規公開株にキャンセルが続出し、マザーズの株主数基準が満たせず上場が延期となりました。同社の株式はアメリカのナスダック市場にも上場しており、ナスダックにおける株価が下落したため、日本での公開価格が割高となってしまったのがキャンセルの原因とされています。

◆◇ 図表12　株式公開に際しての公募・売出日程例 ◇◆

日　程	項　　　目
×月30日	想定価格の決定
○月　1日	証券取引所による上場承認・対外公表
	新株発行決議取締役会
	有価証券届出書提出
	ヒヤリング開始
	（プレマーケティング、ロードショー）
8日	仮条件決定取締役会
9日	第1次訂正届出書提出／公告
	ブックビルディング開始
15日	ブックビルディング終了
	公開価格・引受価格の決定
16日	第2次訂正届出書提出
17日	届出書効力発生
	募集開始
20日	募集終了
24日	払込期日・新株効力発生日
25日	上場日

（有価証券届出書提出〜第1次訂正届出書提出：中15日）
（届出書効力発生〜払込期日：中2週間）

るものなのです。ですから休日が多く入り込むような時期の、公募・売出しを伴う株式公開はリスクが大きいために休みどころではないのが実情です。

　年末年始とゴールデンウィークは休日の期間です。この休日が明けた1月と5月に、新規上場が少ないということには、このような理由があるのです（図表13）。

◆◇ 図表13　月別新規上場会社数（平成14年～16年）◇◆

	14年	15年	16年	合　計	
				社数	割合
1月	3	4	3	10	2.4
2月	16	14	17	47	11.2
3月	15	16	18	49	11.7
4月	13	12	13	38	9.0
5月	4	2	4	10	2.4
6月	13	7	14	34	8.1
7月	7	7	15	29	6.9
8月	2	4	10	16	3.8
9月	13	16	15	44	10.5
10月	14	8	19	41	9.8
11月	6	8	26	40	9.5
12月	18	23	21	62	14.8
合計	124	121	175	420	100.0

月別新規上場会社数（平成14年～16年）

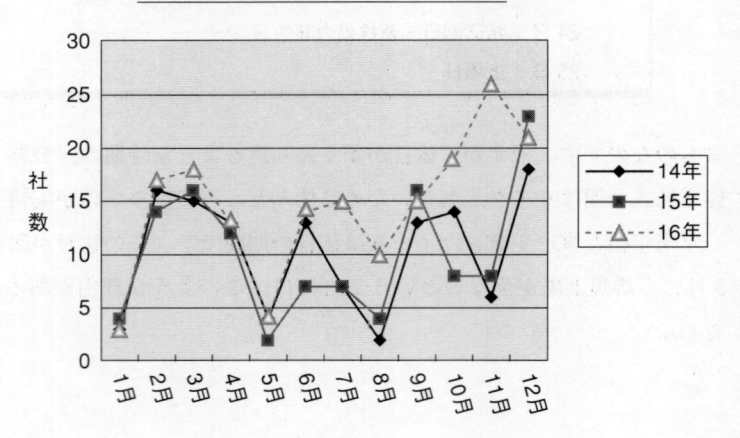

5 流行の業種は？

証券コード

　公開会社になると，証券コード協議会という組織により，業種別に定められた証券コードが付番されることになります。業種判定は，同協議会の「業種別分類に関する取扱い要領」に基づいて，全ての公開会社について統一的に行われます。

　業種別分類は，総務省による日本標準産業分類に準拠した大分類と中分類の，2段階の分類項目により構成されており，会社の売上高の最も多い主要業務により分類されることになります。

新規上場の多い業種

　さて，この証券コード協議会による業種分類に基づいて，平成7年から3年間隔で平成16年までの期間について，新規上場会社の業種（中分類）の推移を見てみましょう（図表14）。

　これによれば，サービス業，小売業，卸売業の三業種が，この10年では常に上位の地位を占めています。このなかで，サービス業は平成16年には，新規上場会社数36社とトップの業種ではありますが，平成13年の73社から大きく社数を減らしています。

　これは平成14年10月に，総務省の日本標準産業分類が改訂されて，従来ならばサービス業に分類されていた放送業，情報サービス業やインターネット付随サービス業などが，情報通信業に分類されることになった影響によるものです。逆に情報通信業は当該期間に2社から28社へと急増する結果となっています。サービス業と情報通信業を合わせて見れば，この10年間の傾向が変化したものではない，と見ることができるでしょう。

　また，小売業は平成13年から16年にかけて18社から28社へと社数を増やしました。平成16年に上場した小売業の会社には，ゴルフダイジェスト・オ

◆◇ 図表14　業種別分類と新規上場社数推移（平成7年〜16年）◇◆

業　　　種		7年	10年	13年	16年	
大　分　類	中　分　類					
水産・農林業	水産・農林業					
鉱業	鉱業				1	
建設業	建設業	16	8	2	5	
製造業	食料品	5	3	5	4	
	繊維製品	3		1	1	
	パルプ・紙	1		3		
	化学	14	2	2	3	
	医薬品	4	1		2	
	石油・石炭製品	1				
	ゴム製品	1	1			
	ガラス・土石製品	7	1	2		
	鉄鋼	2				
	非鉄金属	1	1			
	金属製品	7	4	1	1	
	機械	6	8	7	4	
	電気機器	10	9	9	12	※
	輸送用機器	2	2		2	
	精密機器	2	1	6	1	
	その他製品	9	7	4	1	
電気・ガス業	電気・ガス業		1	1	2	
運輸・情報通信業	陸運業	5	1	1	1	
	海運業	3				
	空運業					
	倉庫・運輸関連業	3		2	1	
	情報・通信業		1	2	28	※
商業	卸売業	43	18	13	16	※
	小売業	23	18	18	28	※
金融・保険業	銀行業				1	
	証券，商品先物取引業	3		3	3	
	保険業				1	
	その他金融業	3	5	1	5	
不動産業	不動産業	2	5	13	16	※
サービス業	サービス業	28	20	73	36	※
合　　計		204	117	169	175	

ンライン，ケンコーコム，ネットプライス，イーネット・ジャパンなど，インターネットを利用して商品を販売する会社が多く含まれており，これらが小売業の社数増に大きく寄与しています。

社数上位に常連の卸売業も，新規上場会社の取扱う商品を見ると，平成16年上場の会社では，ミタチ産業，チップワンストップ，エー・ディ・エムなどの会社が電子デバイスを，ネクサス，テリロジーなどの会社が情報通信機器を扱っています。

これらのことから新規上場についても，近年の情報通信の高度化，経済活動のソフト化・サービス化の実態をくっきりと映し出しているといえそうです。

増加の業種，減少の業種

不動産業は平成7年の2社から平成10年5社，平成13年13社，平成16年16社と一貫して社数を増やしています。ちなみに，平成13年上場の不動産業には，不動産情報ネットワークを運営するアパマンショップネットワーク，デューデリジェンス業務のクリードなどが登場します。平成16年上場では，NTT都市開発のようなオーソドックスな不動産分譲・賃貸の大手業者のみならず，不動産オークション企画・運営のアイディーユー，財産コンサルティング事業の船井財産コンサルティング，不動産ファンドアセットマネジメントのリプラス，デューデリジェンス業務のリサ・パートナーズなど，多彩な顔ぶれが新規上場会社数の増加傾向に寄与しています。東京都内を中心とした不動産需要拡大の動きが，新規上場会社数の増加にも表れているのでしょうか。

一方，これらの新しい動きに対して，製造業（大分類）の新規上場会社に占める割合は，年を追うごとに低下しており，社数についても概ね低下の傾向が見てとれます（図表15）。もちろん製造業のなかでも，電気機器のように，毎年一定の社数が上場する業種もありますが，これは少数派のようです。

また上場市場別に見ると，マザーズやヘラクレスなどの新興企業向け市場への新規上場は，情報通信業とサービス業のウエイトが高く，既存市場やジャスダックに比べて製造業は少ない点も特徴としてあげられます（図表16）。

◆〉 図表15　製造業の新規上場会社数と割合（平成7年〜16年）〈◆

	既存市場		ジャスダック （店頭登録市場）		新興市場		合　計	
	社数	割合	社数	割合	社数	割合	社数	割合
7年	社 27	% 40.3	社 48	% 35.0	—	—	社 75	% 36.8
10年	18	32.7	22	35.5	—	—	40	34.2
13年	7	31.8	25	25.8	8	16.0	40	23.7
16年	7	28.0	14	19.7	10	12.7	31	17.7

（注）平成11年11月にマザーズが設立される以前は，新興市場は存在しない。

製造業の新規上場会社数と割合

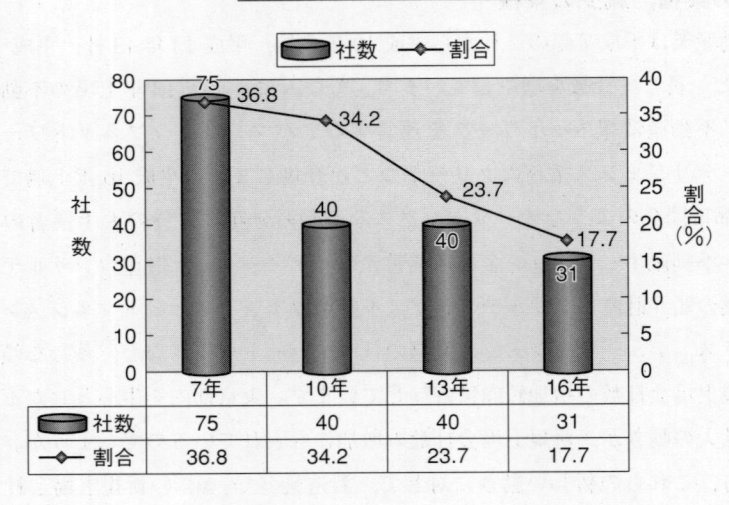

	7年	10年	13年	16年
社数	75	40	40	31
割合	36.8	34.2	23.7	17.7

◆ 図表 16　市場別業種別新規上場会社数（平成 16 年）◆

業種 大分類	業種 中分類	既存市場 社数	既存市場 割合	ジャスダック 社数	ジャスダック 割合	マザーズ 社数	マザーズ 割合	ヘラクレス他 社数	ヘラクレス他 割合
		社	%	社	%	社	%	社	%
水産・農林業	水産・農林業								
鉱業	鉱業	1	4.0						
建設業	建設業			3	4.2	2	3.6		
製造業	食料品	1	4.0	1	1.4			2	8.7
	繊維製品	1	4.0						
	パルプ・紙								
	化学	1	4.0	1	1.4	1	1.8		
	医薬品					2	3.6		
	石油・石炭製品								
	ゴム製品								
	ガラス・土石製品								
	鉄鋼								
	非鉄金属								
	金属製品	1	4.0						
	機械			4	5.6				
	電気機器	2	8.0	6	8.5	4	7.1		
	輸送用機器	1	4.0			1	1.8		
	精密機器			1	1.4				
	その他製品			1	1.4				
電気・ガス業	電気・ガス業	2	8.0						
運輸・情報通信業	陸運業	1	4.0						
	海運業								
	空運業								
	倉庫・運輸関連業							1	4.3
	情報・通信業	3	12.0	3	4.2	15	26.8	7	30.4 ※
商業	卸売業	3	12.0	9	12.7	2	3.6	2	8.7
	小売業	3	12.0	15	21.1	7	12.5	3	13.0
金融・保険業	銀行業	1	4.0						
	証券,商品先物取引業			2	2.8			1	4.3
	保険業					1	1.8		
	その他金融業	2	8.0			2	3.6	1	4.3
不動産業	不動産業	2	8.0	7	9.9	6	10.7	1	4.3
サービス業	サービス業			18	25.4	13	23.2	5	21.7 ※
合計		25	100.0	71	100.0	56	100.0	23	100.0

6 上場までに何年かかる

市場別の傾向

　株式会社を設立してから，その会社が上場するまで何年かかったのかを，新規上場会社について市場別に平均をとったのが（図表17）です。これによれば，既存市場，ジャスダック，ヘラクレス，マザーズの順で，上場までの経過年数がかかっていることが，はっきりと数字に表れています。平均値だけを算出して比較をすると異常値による影響を受けますので，中位数も並べてみまし

◆ 図表17　会社設立から上場までの市場別経過年数（平均・中位数）◆

		既存市場	ジャスダック	マザーズ	ヘラクレス
14年	平均	34.4年	20.4年	6.8年	8.2年
	中位数	30年6ヶ月	19年1ヶ月	4年1ヶ月	5年6ヶ月
15年	平均	30.1年	24.8年	8.9年	13.3年
	中位数	26年5ヶ月	20.6ヶ月	7年8ヶ月	9年11ヶ月
16年	平均	36.0年	23.2年	9.5年	16.1年
	中位数	36年1ヶ月	20年8ヶ月	6年5ヶ月	10年6ヶ月
17年（上半期）	平均	24.7年	27.0年	7.7年	10.9年
	中位数	12年5ヶ月	23年10ヶ月	6年5ヶ月	6年8ヶ月

会社設立から上場までの平均経過年数

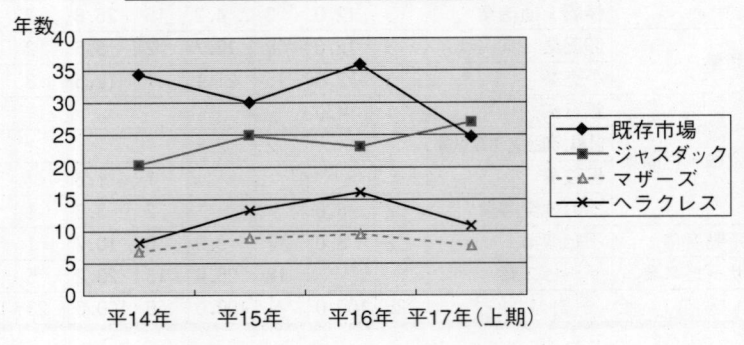

たが，こちらの数字も平均と全く同じ市場別傾向を示しています。

　会社設立から上場までの年数をごく大雑把にいえば，既存市場30〜35年，ジャスダック20〜25年，ヘラクレス10〜15年，マザーズ5〜10年，というところでしょうか。このように，統計的に有意な数値が表れるのは，それぞれの市場のコンセプトと，そのコンセプトに基づき各取引所が設定をした上場審査基準が反映されているものと考えられます。

　まず，既存市場について見ると，その約9割が東証市場第一部・第二部の新規上場会社です（図表2）。東証市場第一部・第二部は，我が国を代表する会社が上場している市場で，新規上場会社にも一定水準の規模と過去実績を求めています。上場審査基準にも，一定以上の利益額，株主資本（純資産）額のほか，会社設立後3年以上経過していることなどが，上場申請を受け付ける条件として定められています。

　次に，ジャスダック市場はというと，こちらは旧店頭売買有価証券市場として，取引所既存市場に比べ株式流動性が劣る，したがって企業規模の小さい会社の株式を取引する市場を前身としていますが，新規上場会社には一定水準の利益額や株主資本額などの過去実績も求めています。ですから，ジャスダック市場は時として新興企業向け市場に分類されることもありますが，正確には取引所市場に並列する店頭売買有価証券市場として，規模は小さいものの実績のある会社の株式を取引の対象としてきた，安定した中堅企業向け市場ともいえるのです。

　これに対し，マザーズに代表される新興企業向け市場は，将来の成長が期待される企業に成長資金を供給することを市場のコンセプトとしており，上場申請会社の過去実績はあまり問題とはしていません。そのため，マザーズ上場審査基準では，利益額，株主資本額，会社設立後経過年数などは，上場のための条件とはしていません（図表18）。

　大証のヘラクレスも新興企業向け市場の一つではありますが，大証ではヘラクレス市場の上場審査基準をさらに細分化し，企業規模，あるいは資産性及び収益性の実績などを有する会社向けにはスタンダード基準，成長が見込めるべ

◆◇ 図表18 東証上場審査基準（東証ホームページより）◇◆

		マザーズ	（参考）市場第二部
(1) 上場株式数		上場時に1,000単位以上の公募又は売出し（うち最低500単位の公募）	上場時4,000単位以上
(2) 株式の分布状況	少数特定者持株数（注2）	—	上場時までに発行済株式数の75%以下
	株主数（注3）	上場時の公募及び売出しにより，新たに300人以上の株主を作ること	1万単位未満　800人以上 2万単位未満　1,000人以上 2万単位以上　1,200人以上 ＋1万単位増すごとに100人増加（上限2,200人）
(3) 設立後経過年数		—	3年以上
(4) 上場時価総額		10億円以上	20億円以上
(5) 株主資本（純資産）の額		—	直前事業年度末日において10億円以上（原則として，連結貸借対照表による）
(6) 利益の額		—	次のa又はbに適合すること（連結損益計算書による） a. 2年前1億円，直前期4億円 b. 3年前1億円，直前期4億円かつ3年間合計6億円
(7) 時価総額		—	1,000億円以上（最近1年間において売上高が100億円未満である場合を除く）
(8) 売上高		上場対象となる事業について売上高が計上されていること	—
(9) 虚偽記載又は不適正意見等		a.「上場申請のための有価証券報告書」に添付される監査報告書（最近1年間を除く）において，「無限定適正」又は「除外事項を付した限定付適正」 b.「上場申請のための有価証券報告書」に添付される監査報告書（最近1年間）及び中間監査報告書において，「無限定適正意見」 c. 上記監査報告書又は中間監査報告書に係る財務諸表等又は中間財務諸表等が記載又は参照される有価証券報告書等に「虚偽記載」なし	a. 最近2年間（(6)a.及び(7)に適合しない場合は，最近3年間，次のb.において同じ）の有価証券報告書等に「虚偽記載」なし b. 最近2年間（最近1年間を除く）の財務諸表等の監査意見が「無限定適正」又は「除外事項を付した限定付適正」 c. 最近1年間の財務諸表等の監査意見が「無限定適正」

(注1) 1単位は，単元株制度を採用する場合には1単元の株式の数をいい，単元株を採用しない場合には1株をいう。
(注2) 「少数特定者持株数」は大株主上位10名，特別利害関係者（役員等）及び新規上場申請者が所有する株式の総数。
(注3) 「株主数」は1単位以上を所有する株主の数（大株主上位10名及び特別利害関係者並びに新規上場申請者が自己株式を保有している場合の当該新規上場申請者を除く。）。

◆ 図表19　ヘラクレス上場審査基準（大証ホームページより）◆

上場審査基準はスタンダード基準（第1号～第3号）とグロース基準に区分されています。どの基準で上場するかは申請会社の任意となっていますが，各基準の基本的な企業のイメージは次の通りです。

スタンダード基準第1号		収益性，資産性があり，市場性の見込める企業
スタンダード基準第2号		資産性（資産実績）があり，市場性の見込める企業
スタンダード基準第3号		売上や資産など企業規模があり，市場性の見込める企業
グロース基準		潜在的な成長性があり，市場性の見込める，いわゆるベンチャー型の企業

	スタンダード基準			グロース基準
	第1号	第2号	第3号	
純資産の額	6億円以上	18億円以上	負でないこと	上場時株主資本の額4億円時価総額50億円以上又は利益の額7,500万円以上
時価総額又は総資産・総収入	—	—	時価総額が75億円以上又は総資産が75億円以上かつ売上高が75億円以上	
利益の額	1億円以上	—	—	
設立経過年数	—	2年以上		1年以上又は時価総額50億円以上
最低浮動株式数	1,100単位以上			1,000単位以上
最低公開株式数	500単位以上			500単位以上
浮動株時価総額	8億円以上	18億円以上	20億円以上	5億円以上
株主数	400人以上			300人以上
監査証明	虚偽記載を行っていないこと（2事業年度）			
その他	株式事務代行機関の設置，株券様式，株券の譲渡制限の廃止			

（注1）単位は，単元株制度を採用する場合には1単元の株式の数を，単元株制度を採用しない場合には1株をいいます。
（注2）利益の額，総資産の額かつ総収入は，上場申請日の直前連結会計年度に充足している，あるいは，最近3連結会計年度のうち最初及び次の連結会計年度において充足していることが必要です。

ンチャー型企業向けにはグロース基準を設定しています（図表19）。スタンダード基準はさらに1号，2号，3号に区分されており，それぞれの基準のなかで会社設立後の経過年数を求めている場合とそうでない場合とがあります。したがって，かつてならば大証市場第二部に上場申請をしていたであろう会社が，スタンダード基準で申請をし，ヘラクレス市場に上場するようなケースもあると思われます。

（図表17）の設立後経過年数の数字は，このようなそれぞれの市場の状況を反映しているものといえるでしょう。

最短での上場

会社を設立してから，それを上場させるまでにするには，経営者の能力と，努力と，そして運がなければなかなか実現は難しいといわれています。しかも，それを短時間のうちに達成するとなると，これはまさに賞賛に値すべきことといえるでしょう。

（図表20）は，この10年間において，最短で上場した会社のランキングです。ランキング入りした会社のうち，※を付した既存市場上場の3社とマザーズ上場の1社は会社分割や株式移転等により誕生したもので，この4社の実質的経過年数はここに掲げた数字よりも遥かに長いものであり，上場審査基準もその実質的経過年数の方に物差しをあてて判断をしています。したがって最短での上場ランキング入りとはいえ，この4社は少し事情が違います。

これらを除くと，会社設立後1年以内に上場した会社は，マザーズ上場のメディアシークの9ヶ月，次いでヘラクレス上場のまぐクリックの11ヶ月と2社あり，ともに平成12年の上場です。

メディアシークは，平成12年3月に東京都港区に資本金3千万円で設立され，Eビジネスに関するコンサルティングとiモードを使ったコンテンツや広告配信サービスの提供を事業内容としています。同社の西尾直紀社長はアンダーセンコンサルティング出身で，会社設立時の年齢は34歳です。同社の上場申請直前期である平成12年7月期は5ヶ月決算であり，売上高は2億4千

第一章　入門編（株式公開の基礎知識）

◆ 図表20　最近10年間（平成7年1月〜17年6月）における
会社設立から上場日までの市場別最短年数 ◆

	No	会　社　名	上場日 平成年月日	経過年数 年　　月
既存市場	1	NECエレクトロニクス	15. 7.24	※　　　8ヶ月
	2	博報堂DYホールディングス	17. 2.16	※ 1年 4ヶ月
	3	ファースト住建	15. 9.24	4年 2ヶ月
	4	住友チタニウム	14. 3. 8	※ 4年 9ヶ月
	5	エルピーダメモリ	16.11.15	4年10ヶ月
ジャスダック	1	ヤフー	9.11. 4	1年 9ヶ月
	2	エスケーエレクトロニクス	15. 9.18	1年11ヶ月
	3	ヒューマンホールディングス	16.10. 7	2年 2ヶ月
	4	サイバード	12.12.21	2年 2ヶ月
	5	ジー・モード	14.10.18	2年 2ヶ月
マザーズ	1	メディアシーク	12.12.22	9ヶ月
	2	新華ファイナンス	16.10.28	※　　　9ヶ月
	3	マネックス証券	12. 8. 4	1年 3ヶ月
	4	リキッドオーディオジャパン	11.12.22	1年 5ヶ月
	5	バリュークイックジャパン	12. 5.30	1年 6ヶ月
ヘラクレス他	1	まぐクリック	12. 9. 5	11ヶ月
	2	おりこんダイレクトデジタル	12.11. 6	1年 1ヶ月
	3	アパマンショップネットワーク	13. 3.15	1年 4ヶ月
	4	ソフトバンク・インベストメント	12.12.15	1年 5ヶ月
	5	エン・ジャパン	13. 6.15	1年 5ヶ月

※　会社分割，事業承継，持株会社化等により新会社が設立されてからの年数です。
　　したがって，会社設立前からの実質的な事業活動期間を含めれば，最短ランキングには登場してきません。

万円，当期純利益は2千4百万円を計上しており，従業員は16名となっています。

　最短記録第2位のまぐクリックは，電子メール広告配信サービスの提供を事業内容とする会社として，平成11年9月に東京都渋谷区に設立され，設立時

の資本金は1千万円です。同社は，設立時の社長で設立当時36歳であった熊谷正寿氏から，上場直前の平成12年4月に1歳年下の西山裕之氏へと社長が交代をしています。同社の上場申請直前期は平成11年12月期でこちらも4ヶ月決算ですが，売上高は5千万円，当期純損失3百万円，従業員数は10名となっています。

さて，この（図表20）を見ると，マザーズ及びヘラクレス他の新興企業向け市場で上場までの最短経過年数ランキングに登場する会社は，いずれも会社設立後1年半以内に上場を果たした会社がリストアップされています。そして，これらの会社は，※を付した新華ファイナンス(注)を除いて，いずれも市場開設直後の平成11年末から平成13年上半期にかけての上場で，それ以後に経過年数1年半以内で上場した会社はありません。

こうしてみると，会社を設立してからある程度の年数を経過していないと，新興企業向け市場とはいいながらも次第に上場が難しい市場になりつつあるのかもしれません。

(注) 平成16年にマザーズに上場した外国会社である新華ファイナンスは，持株会社として設立されてからの経過年数が9ヶ月ということであり，同社の実体ともいうべき完全子会社のXFNは会社設立から上場まで5年経過しています。

第二章

会社の素顔・人間編

(社長, 株主, 役員, 従業員)

第二章

会社の意義・人間論
(江頭、森本、岩田、中東)

第二章　会社の素顔・人間編（社長，株主，役員，従業員）

> 　毎年多くの会社が新規上場を果たしますが，これらの新規上場会社の社長，株主，役員，従業員などに関してはそれなりに共通する側面や特色があるものです。
> 　この章では，これらの人的側面に関するデータから新規上場会社の素顔に迫ってみることにしましょう。

1 社長の年齢

上場時の社長平均年齢

　上場した時の社長の年齢は，何歳位なのでしょうか？

　これを見るために，市場別の社長の平均年齢と中位数を並べてみたのが（図表21）です。この表から見ると，おおむね既存市場は60歳前後，ジャスダックは50代半ば，ヘラクレスが40代後半，マザーズが40代半ばというところでしょう。奇しくも，上場までの経過年数の長短に関する市場別傾向と同じ順序です。しかし，この表からは，年を追うごとの傾向といったようなものは読み取れません。

　社長の年齢に関する市場別の特徴を，平均年齢だけでなく40歳未満と70歳以上の社長がそれぞれ何人いたのか，という切り口で見たのが（図表22）です。マザーズ，ヘラクレスで40歳未満の社長の比率が高く，70歳以上の社長はほとんど見受けられません。これに対し，既存市場では40歳未満の社長が平成10年以降は1人しかおりませんが，70歳以上の社長は毎年必ず何人かは現われてきます。また，ジャスダックでは40歳未満の社長も70歳以上の社長も，それぞれ毎年コンスタントに現われていることがわかります。

若　社　長

　この10年間で上場した会社のうち，上場時点で最も若い社長は誰でしょうか。

◆◇ 図表21 市場別新規上場時の社長平均年齢(平成7年～17年6月)◇◆

		既存市場	ジャスダック	マザーズ	ヘラクレス他
		才	才	才	才
7年	平均 中位数	59.5 61	57.9 59	— —	— —
8年	平均 中位数	59.0 60	55.6 56	— —	— —
9年	平均 中位数	56.9 56	56.2 56	— —	— —
10年	平均 中位数	58.9 59	55.1 57	— —	— —
11年	平均 中位数	57.4 58	54.6 55	38.0 45	— —
12年	平均 中位数	57.7 59	55.2 55	43.0 46	47.6 49
13年	平均 中位数	58.7 60	52.4 53	49.6 48	46.4 37
14年	平均 中位数	61.2 59	52.2 54	45.5 41	43.6 43
15年	平均 中位数	60.2 61	54.3 55	45.5 45	47.6 50
16年	平均 中位数	61.2 60	53.9 56	46.6 45	49.2 46
17年 (6月まで)	平均 中位数	59.3 60	56.1 57	45.5 42	47.1 47

市場別新規上場時の社長平均年齢(平成7年～17年上期)

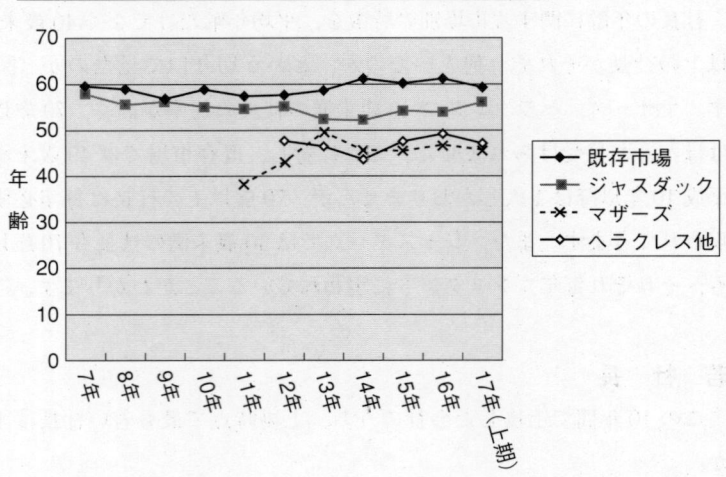

第二章　会社の素顔・人間編（社長，株主，役員，従業員）

◆ 図表22　上場時に40歳未満と70歳以上の社長数（平成7年〜17年6月）◆

			7年	8年	9年	10年	11年	12年	13年	14年	15年	16年	17年上期
40歳未満	既存市場	会社数 比率		2 3.8	1 2.6								1 16.7
	ジャスダック	会社数 比率	1 0.7	4 3.5	1 1.0	4 6.5	6 8.2	5 5.2	13 13.4	10 14.7	6 9.7	6 8.5	3 8.3
	マザーズ	会社数 比率					1 50.0	11 40.7		3 37.5	5 16.1	20 35.7	2 16.7
	ヘラクレス他	会社数 比率						8 24.2	13 30.2	7 29.2	1 14.3	2 8.7	6 28.6
70歳以上	既存市場	会社数 比率	3 6.0	2 3.8	2 5.1	1 4.2	3 10.0	4 9.3	1 5.0	3 12.5	1 5.0	2 8.0	
	ジャスダック	会社数 比率	7 1.8	1 2.9	3 4.8	3 6.8	5 7.2	7 4.1		4 1.5	1 1.5	6 9.7	1 1.4
													1 2.8
	マザーズ	会社数 比率						1 3.7				1 1.8	
	ヘラクレス他	会社数 比率							1 2.3				

（注）・マザーズが設立されたのは平成11年11月，ヘラクレスは平成12年5月。
　　　・比率は当該市場の新規上場会社数を100%とした比率。

　これを市場別に見たのが（図表23）です。市場別でいえば，マザーズに上場した会社の社長の若さが突出していて，マザーズのベスト5が，結局，全市場で見てもベスト5となっています。また，その5社のうちの4社が，平成12年の上場です。マザーズは，平成11年11月に開設された市場ですから，この4社はマザーズ市場開設後，間もなくの上場ということになります。

　第1位は，平成12年3月にマザーズとアメリカのナスダック市場に同時に上場して話題となったクレイフィッシュの松島庸社長で26歳4ヶ月ですが，翌年には社長を退任しています。ちなみに，このとき同社の筆頭株主であった光通信の社長は重田康光氏で，重田社長もジャスダック上場時は31歳，ジャスダックの歴代若い社長第2位にランクされています。

　松島社長には，自ら創業した会社を史上最年少で上場させてから社長を退任

◆〉図表23　最近10年間（平成7年～17年6月）市場別
　　　　社長の若い年齢上位5社（上場日現在，40歳未満）〈◆

区分	No	会社名	社長名	上場市場	上場年月	年齢
既存市場	1	ジャパン	桐間精一	大阪2部	H. 8. 4	34才0月
	2	ラウンドワン	杉野公彦	大阪2部	H. 9. 8	35才11月
	3	カブドットコム証券	斎藤正勝	東京1部	H.17. 3	38才10月
	4	越智産業	越智道広	福岡	H. 8. 2	38才11月
ジャスダック	1	フォーサイド・ドット・コム	安嶋幸直	JQ	H. 4.10	29才9月
	2	光通信	重田康光	JQ	H. 8. 2	31才0月
	3	東京リスマッチ	鈴木隆一	JQ	H.10. 7	31才5月
	4	翔泳社	速見浩二	JQ	H.10. 9	31才8月
	5	アルファグループ	上　岳史	JQ	H.16. 4	32才7月
マザーズ	1	クレイフィッシュ	松島　庸	M	H.12. 3	26才4月
	2	サイバーエージェント	藤田　晋	M	H.12. 3	26才10月
	3	オン・ザ・エッヂ	堀江貴文	M	H.12. 4	27才5月
	4	スリープロ	高野　研	M	H.15.11	28才5月
	5	アイ・シー・エフ	井筒大輔	M	H.12.10	28才5月
ヘラクレス等	1	テイクアンドギヴ・ニーズ	野尻佳孝	H	H.13.12	29才5月
	2	エルゴ・ブレインズ	福岡裕高	H	H.14. 2	30才1月
	3	アライヴコミュニティー	福岡浩二	H	H.17. 4	30才5月
	4	ガンホー・オンライン・エンターテイメント	森下一善	H	H.17. 3	31才5月
	5	モーニングスター	七海秀之	H	H.12. 6	32才2月

するまでを書きつづった著書の『追われ者』があります。

　次いで第2位は，インターネット向け広告事業を展開するサイバーエージェントの藤田晋社長で，26歳10ヶ月です。同社の上場時の売上高は4億5千万円，純利益は3千6百万円の赤字でしたが，平成17年9月期には，連結売上高400億円，純利益18億円（平成17年5月，同社発表業績予想）を見込むまでに会社を成長させました。

　藤田社長には，『ジャパニーズ・ドリーム—史上最年少の上場企業社長』，

第二章　会社の素顔・人間編（社長，株主，役員，従業員）

『渋谷ではたらく社長の告白』などの著書があります。

　第3位にランクされているオン・ザ・エッヂの現在の社名は，あのライブドアです。上場当時，同社の堀江貴文社長は弱冠27歳5ヶ月の若さで，こちらも，上場時売上高2億6千万円，純利益5百万円の会社を，平成17年9月期連結売上高780億円，純利益58億円（平成17年5月，同社発表業績予想）を見込むまでに成長させています。

　第4位のスリープロ高野研社長は立命館大学在学中に，自宅でパソコンの操作に困っている人に家庭教師を派遣するアイデアで，京都市ベンチャービジネスクラブ主催の起業アイデアコンテスト京都ドリーム奨励賞を受賞しました。このアイデアを基に，個人で事業を立ち上げ28歳5ヶ月で上場を果たしました。

　第5位のアイ・シー・エフ井筒大輔社長も28歳5ヶ月での上場ですが，同社長は上場から約1年後の平成13年12月には筆頭株主の座から降りており，14年2月には代表取締役も辞任しています。

　若社長の人生もいろいろなのです。

　（図表23）に登場する20歳代の社長にはあと2人，ヘラクレス第1位の野尻佳孝氏とジャスダック第1位の安嶋幸直氏がいます。

　野尻社長は，結婚式の企画運営を行うテイクアンドギヴ・ニーズを29歳5ヶ月で平成13年12月にヘラクレスに上場させた後，同社を平成16年2月には東証第二部にも上場させ，『史上最短で東証二部に上場する方法』という著書も著しています。

　ジャスダック第1位の安嶋幸直社長は，29歳9ヶ月で携帯着メロのフォーサイド・ドット・コムを平成14年10月に上場させました。

2 オーナー系か子会社系か

プライベートカンパニー

　公開会社は，パブリックカンパニーなどと呼ばれることがあります。つまり，株式市場のなかで不特定多数の投資家により，その会社の発行する株式が取引されるということは，当然，その不特定多数の投資家が株主として名乗りをあげ，なんらかのかたちで経営に関与するということです。また，会社情報も広く一般に開示することが義務付けられることになります。

　これに対して，株式公開前の会社は，株主が内輪の者たちだけに限られており，所有者と経営者が一致していることが多いため，プライベートカンパニーと呼ばれます。プライベートカンパニーは，株主構成の違いにより大きく分けて，①オーナー系，②子会社系，③どちらにも分類されないその他，の三つのタイプに分けられます。この三つのタイプが，最近の新規上場会社のなかで，それぞれどの程度の割合を占めているのかを表したものが（図表24）です。

　『株式上場白書』ではこの分類にあたって，一個人とその一族，及びその一族の財産保全会社の持株合計が，20％以上の会社をオーナー系としてあります。

　また，子会社系は，他の会社に直接・間接に株式を20％以上所有されているか，もしくは20％に満たなくとも経営者の属性等から強い影響を受けると推定される他の会社が存在する場合とし，そして，このいずれにも属さない会社をその他と分類してあります。しかし，その他に分類される会社も，そもそもがプライベートカンパニーですから，その多くは単に持株比率が20％に満たないだけの「オーナー」や「親会社等」の影響下にある会社と思われます。

　むしろ，平成16年，自ら開設するヘラクレス市場に上場をした大阪証券取引所や，民事再生法による再生手続が完了してジャスダックに再上場を果たしたかわでん，また，相互会社から株式会社に組織変更をして，それぞれ平成14年と15年に上場をした大同生命保険と太陽生命保険などは，プライベート

第二章　会社の素顔・人間編（社長，株主，役員，従業員）

◆ 図表24　株主構成による新規上場会社の分類 ◆

区　　分	14年		15年		16年		17年 （上半期）	
	社数	割合	社数	割合	社数	割合	社数	割合
オーナー系　（注1）	社 89	% 68.5	社 82	% 65.6	社 113	% 63.1	社 49	% 62.0
子会社系　（注2） （うち，親会社等が非公開会社）	32 (3)	24.6 (2.3)	29 (―)	23.2 (―)	50 (7)	27.9 (3.9)	22 (4)	27.8 (5.1)
その他	9	6.9	14	11.2	16	8.9	8	10.1
合　計 （うち，オーナー・子会社共通）	130 (6)	100.0	125 (4)	100.0	179 (4)	100.0	79 (4)	100.0

（注1）オーナー系とは，一個人での持株（その一族，財産保全会社を含む）が20％以上ある会社。
（注2）子会社系とは，親会社等（原則として20％以上の出資）がある会社。

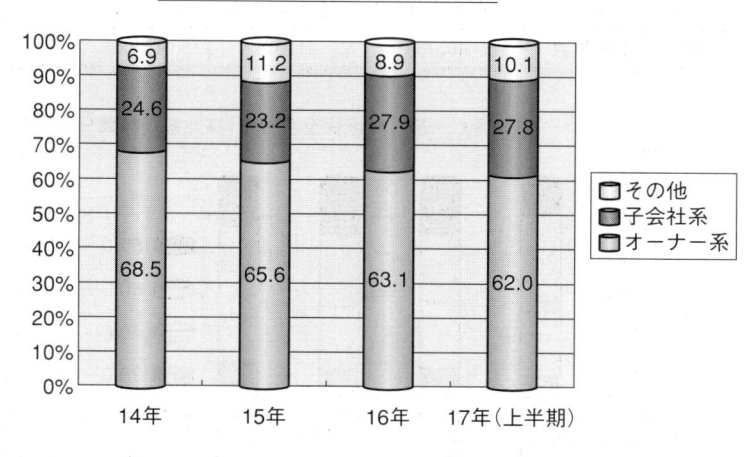

株主構成による新規上場会社の分類

カンパニーのなかで例外ともいえる異色な存在でしょう。

　なお，持株比率による分類を原則としているため，オーナー系でありながら，なおかつ子会社系でもある会社も存在します。このような会社の数は，平成14年から順に，6社，4社，4社，4社と，毎年出てきます。ちなみに，平成17年上期上場でこれに該当するのは，ジャスダック上場のシダー，日本テレ

◆◇ 図表25 オーナー（含む一族，財産保全会社）持株比率分布 ◇◆

持株比率	14年		15年		16年		17年 （上半期）	
	社数	割合	社数	割合	社数	割合	社数	割合
％　　％未満 0 ～ 20.0	社 35	％ 28.2	社 39	％ 32.2	社 62	％ 35.4	社 27	％ 36.0
20.0 ～ 30.0	10	8.1	8	6.6	12	6.9	5	6.7
30.0 ～ 40.0	14	11.3	13	10.7	12	6.9	6	8.0
40.0 ～ 50.0	15	12.1	15	12.4	16	9.1	12	16.0
50.0 ～ 60.0	7	5.6	7	5.8	14	8.0	7	9.3
60.0 ～ 70.0	19	15.3	12	9.9	16	9.1	5	6.7
70.0 ～ 80.0	13	10.5	10	8.3	18	10.3	4	5.3
80.0 ～ 90.0	9	7.3	13	10.7	16	9.1	7	9.3
90.0 ～100.0	2	1.6	4	3.3	9	5.1	2	2.7
20％以上社数計	89	71.8	82	67.8	113	64.6	48	64.0
合　計	124	100.0	121	100.0	175	100.0	75	100.0
持株比率中位数	40.7％		41.4％		40.0％		50.4％	

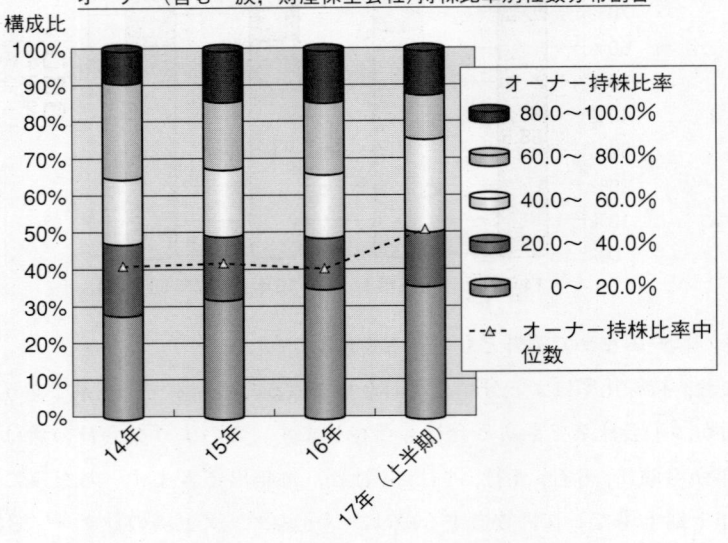

オーナー（含む一族，財産保全会社）持株比率別社数分布割合

ホン，ZOA，そしてマザーズ上場のリンク・セオリー・ホールディングスの4社です。

オーナー会社と持株比率

（図表24）をみると，最近の新規上場会社のおよそ6割強がオーナー系の会社であることがわかります。発行会社にとって株式上場の本来の目的は，証券市場からの資金調達の道を開くことにあるわけですから，親会社等からの資金パイプのある子会社系の会社よりも，オーナー系の会社が新規上場会社の多数を占めるのは当然のことといえるでしょう。

では，そのオーナーの人たちは，どのくらいの株式を持っているのでしょうか。

（図表25）は，上場時の公募・売出し直前の新規上場会社のオーナー持株比率の分布状況です。これをみると，持株比率は0％から100％の範囲のなかで，万遍なく分布していることがわかります。分布の中位数は，最近3年間では，およそ40％の持株比率という数字ですが，オーナーと定義した20％以上の範囲でみると，中位数は持株比率50％～60％のところに位置することになるでしょう。

インセンティブプラン

これに対して，オーナー以外の役員の持株比率の分布をみたのが，（図表26）です。これによると，その比率は10％未満のところに集中しており，分布の中位数は4％前後ということになります。役員といえどもやはりオーナーの持株比率には遠く及ばないことがわかります。まさに，非公開会社がプライベートカンパニーといわれるゆえんです。

とはいえ，オーナーに比べれば少ない株数ながらも，9割以上の会社が役員に株式を持たせています。また，（参考）欄にあるとおり，ほぼ半数の会社で役員にストックオプションを付与しています。

従業員持株会となると，それが存在する会社が7割前後，持株比率の分布の

◆◇ 図表26　オーナーを除く役員持株比率分布 ◇◆

持株比率	14年		15年		16年		17年 (上半期)	
	社数	割合	社数	割合	社数	割合	社数	割合
％　　％未満 0	社 5	％ 4.0	社 5	％ 4.1	社 15	％ 8.6	社 4	％ 5.3
0.1 ～ 10.0	82	66.1	81	66.9	119	68.0	54	72.0
10.0 ～ 20.0	19	15.3	22	18.2	18	10.3	10	13.3
20.0 ～ 30.0	7	5.6	9	7.4	16	9.1	4	5.3
30.0 ～ 40.0	6	4.8	1	0.8	5	2.9	3	4.0
40.0 ～ 50.0	3	2.4	2	1.7	2	1.1	0	0.0
50.0 ～ 60.0	2	1.6	1	0.8	0	0	0	0.0
社数合計	124	100.0	121	100.0	175	100.0	75	100.0
持株比率中位数	4.0％		4.6％		3.5％		4.4％	

	社	％	社	％	社	％	社	％
(参考)　役員にストックオプション等を付与している会社	65	52.4	60	48.4	97	55.4	40	53.3

◆◇ 図表27　従業員持株会の持株比率分布 ◇◆

持株比率	14年		15年		16年		17年 (上半期)	
	社数	割合	社数	割合	社数	割合	社数	割合
％　　％未満 0	社 27	％ 21.8	社 33	％ 27.3	社 62	％ 35.4	社 24	％ 32.0
0.1 ～ 5.0	64	51.6	51	42.1	73	41.7	33	44.0
5.0 ～ 10.0	22	17.7	25	20.7	25	14.3	7	9.3
10.0 ～	11	8.9	12	9.9	15	8.6	11	14.7
社数合計	124	100.0	121	100.0	175	100.0	75	100.0
持株比率中位数	2.3％		2.5％		1.5％		3.0％	

	社	％	社	％	社	％	社	％
(参考)　従業員にストックオプション等を付与している会社	65	52.4	59	48.8	93	53.1	39	52.0

第二章 会社の素顔・人間編（社長，株主，役員，従業員）

中位数は2％前後となりますが，ストックオプションは役員と同じく約半数の会社で付与しています（図表27）。

このように，ストックオプションや従業員持株会のような動機付けのための株式保有施策は，インセンティブプランと呼ばれており，株式公開という目標に向かって，全社一丸となって走りましょうという意味合いが込められています。

インセンティブプランの効果があって株式公開に成功した会社の役員・従業員は，自身の努力もさることながら，会社の株式公開というイベントに運良く巡り合せ，創業者利益のほんの一部とはいえその分け前にあずかることができた幸運にも感謝するべきかもしれません。

子会社の上場

（図表24）によれば，子会社系すなわち親会社等がある会社の新規上場は，全体の4分の1程度の数が毎年登場してきます。しかし，子会社の上場については，上場の意義に照らすといくつかの問題があります。

子会社は親会社の強い影響下にあるものの，子会社の利益を侵害することにより親会社が利益を享受するような関係にある時は，独立した投資物件としてその子会社を上場させることが適当とはいえなくなります。そのため，子会社の上場審査については，通常の審査の他に，親会社との取引条件の合理性，経営の意思決定の独自性などを確認することを通じて，その子会社が親会社から実質的に独立した会社であるかどうかを審査することが加わります。

また，親会社の会社情報を継続開示することも，子会社上場の条件とされています。西武鉄道が新規上場の申請をするならば，親会社であるコクドの情報を継続して開示することが上場の条件というわけです。

しかし，開示の問題はクリアーできても，親会社からの独立性の判定は，とても難しそうに思えます。また，連結経営が一般化しているなかで，頂点に立つ親会社が上場会社であるときは，親会社を通じて証券市場から資金調達をするルートは存在しているものといえるでしょう。それにもかかわらず，その傘

◆ 図表28　子会社系新規上場会社とその親会社一覧
　　　　（平成16年～17年上半期）◆

市場	上場日	会社名	親会社等	持株比率	
	年月日				％
東証第一部・第二部	16. 2.25	東日本ガス㈱	日本瓦斯㈱	直接	72.6
	16. 3. 9	㈱日立システムアンドサービス	㈱日立製作所	直接	100.0
	16. 4. 7	三井物産テレパーク㈱	三井物産㈱	直接	98.2
	16. 7.30	マックスバリュ東海㈱	イオン㈱	直接	98.4
	16. 8. 5	㈱テレビ東京	㈱日本経済新聞社	直接	36.9
	16.10. 6	電源開発㈱	J-POWER民営化ファンド㈱	直接	83.1
	16.10. 7	興銀リース㈱	㈱みずほコーポレート銀行	直接 緊密な者	13.4 9.4
	16.10.18	ユニ・チャームペットケア㈱	ユニ・チャーム㈱	直接	37.4
	16.11. 4	エヌ・ティ・ティ都市開発㈱	日本電信電話㈱	直接	100.0
	16.11.15	エルピーダメモリ㈱	日本電気㈱ ㈱日立製作所	直接 直接	35.6 35.6
	16.11.17	国際石油開発㈱	石油公団	直接	54.0
	16.12. 7	芙蓉総合リース㈱	㈱みずほフィナンシャルグループ	間接 緊密な者	9.3 21.8
	17. 2.10	NECリース	日本電気㈱	直接	39.0
	17. 3.17	カブドットコム証券㈱	伊藤忠商事㈱	直接 間接	23.3 9.1
			㈱UFJホールディングス	間接	32.4
	17. 4. 6	大和システム㈱	大和ハウス工業㈱	直接	20.1
マザーズ	16. 2.27	㈱日本ケアサプライ	三菱商事㈱	直接	74.0
	16. 3. 8	㈱エム・ピー・テクノロジーズ	ソフトバンク・メディア・アンド・マーケティング㈱	直接	44.3
	16. 3.16	㈱コネクトテクノロジーズ	㈱インデックス	直接	36.4
	16. 3.18	㈱DNAチップ研究所	日立ソフトウェアエンジニアリング㈱	直接 間接	55.6 12.7
	16. 4. 1	㈱ゴルフダイジェスト・オンライン	ゴルフダイジェスト社	直接	20.8
	16. 7. 2	㈱リンク・ワン	㈱日本エル・シー・エー	直接	64.5
	16. 7. 8	㈱ネットプライス	㈱サイバーエージェント	直接	55.6
	16. 7.15	㈱船井財産コンサルタンツ	㈱船井総合研究所	直接	31.0
	16. 8. 5	㈱テンアートニ	㈱大塚商会	直接	59.7
	16. 9. 1	㈱サミーネットワークス	サミー㈱	直接	80.2
	16. 9.16	ソネット・エムスリー㈱	ソニー㈱	間接	90.0
	16. 9.16	ニッシン債権回収㈱	㈱ニッシン	直接	89.8
	16. 9.21	㈱ウェブクルー	トランス・コスモス㈱	直接	36.1
	16.10.13	㈱チップワンストップ	㈱図研	直接	41.4
	16.11.10	㈱トラスト	VTホールディングス㈱	直接 間接	78.9 6.6
	16.12. 7	タカラバイオ㈱	宝ホールディングス㈱	直接	92.3
	16.12. 8	㈱ダイセキ環境ソリューション	㈱ダイセキ	直接	77.3
	17. 2.16	㈱ディーエヌエー	ソニーコミュニケーションネットワーク㈱	直接	27.7
	17. 4. 4	GMOペイメントゲートウェイ㈱	グローバルメディアオンライン㈱	直接	65.4
	17. 6. 7	㈱シンプレクス・インベスティメント・アドバイザーズ	日興コーディアグループ	直接 間接	9.0 33.6
	17. 6. 9	㈱リンク・セオリー・ホールディングス	㈱ファーストリテイリング	直接 間接	19.5 23.7
セントレック	16. 5.20	コムシード㈱	㈱平和	直接	54.9
			㈱日本テレネット	直接	30.8

第二章　会社の素顔・人間編（社長，株主，役員，従業員）

市場	上場日 年月日	会　社　名	親会社等	持株比率	％
ヘラクレス	16. 8.23	㈱イーネット・ジャパン	㈱ノジマ	直接 緊密な者	41.6 18.4
	16. 9.29	三星食品㈱	㈱林原	直接	57.6
			太陽殖産㈱	直接	35.0
	16.10. 5	ベリトランス㈱	ファイナンス・オール㈱	直接	45.8
	16.10.13	エイチ・エス証券㈱	ワールド・キャピタル㈱	直接	22.2
	17. 3. 9	ガンホー・オンライン・エンターテイメント㈱	アジアングルーヴ㈱	直接 間接	35.0 10.6
			ソフトバンクBB㈱	直接	45.4
	17. 3.23	リンクモンスター㈱	双日ホールディングス㈱	間接	49.9
	17. 4. 5	シンワアートオークション㈱	㈱シンワアートホールディングス	直接	22.9
	17. 4.21	日本通信㈱	エルティサンダビー・ヴィービーエー	直接	20.7
	17. 6.14	㈱IRIユビテック	㈱インターネット綜合研究所	直接	90.8
	17. 6.23	㈱イーコンテクスト	㈱デジタルガレージ	直接	53.2
ジャスダック	16. 2.24	㈱プラネット	㈱インテック	直接	7.7 (注)
			ライオン㈱	直接	17.7 (注)
	16. 3. 3	㈱ジェイ・エー・エー	三井物産㈱	直接	26.3
	16. 3. 9	㈱パソナテック	㈱パソナ	直接	68.3
			㈱インターネット総合研究所	直接	25.0
	16. 3.19	東京日産コンピュータシステム㈱	東京日産自動車販売㈱	直接	87.3
	16. 9. 9	㈱九九プラス	㈱キョウデン	直接 緊密な者	53.7 13.4
	16. 9.17	㈱ベネフィット・ワン	㈱パソナ	直接	62.8
	16.10.13	㈱ワンダーコーポレーション	㈱カスミ	直接 間接	41.5 19.4
			ギガスケーズデンキ㈱	直接	20.3
	16.10.28	㈱ツヴァイ	イオン㈱	直接	92.5
			ミニストップ㈱	間接	5.2
	16.11. 2	エキサイト㈱	伊藤忠商事㈱	直接 間接	82.2 5.1
	16.11.10	㈱ジー・トレーディング	㈱ガリバーインターナショナル	直接	58.0
	16.11.26	㈱バッファロー	㈱オートバックスセブン	直接	28.16
	16.11.26	㈱メディカル一光	イオン㈱	直接	25.08
	16.11.30	イー・トレード証券㈱	ソフトバンク㈱	間接	69.53
			ソフトバンク・ファイナンス㈱	間接	69.53
			ソフトバンク・インベストメント㈱	直接	69.53
	17. 2. 9	㈱日本テクシード	㈱アーク	直接	45.1
	17. 2.18	テクマトリックス㈱	オリンパス㈱	間接	61.7
			アイ・ティー・エックス㈱	直接	61.7
			楽天㈱	直接	37.0
	17. 2.24	チムニー㈱	米久㈱	直接	64.5
	17. 3. 4	㈱アッカ・ネットワークス	日本電信電話㈱	間接	40.8
			エヌ・ティー・ティー・コミュニケーションズ㈱	直接	40.8
	17. 3. 9	システムズ・デザイン㈱	ビー・シー・エー㈱	間接	40.0
	17. 3.17	㈱シダー	㈱ビジネストラスト	直接	18.1
	17. 3.23	㈱ジュピターテレコム	住友商事㈱	直接	12.3
	17. 4. 6	日本テレホン㈱	三井物産㈱	直接	14.9
	17. 4. 8	㈱グリーンフーズ	㈱加ト吉	直接	82.2
	17. 6.17	㈱ZOA	ダイワボウ情報システム㈱	直接	50.4

(注)　ジャスダックに平成16年2月24日上場のプラネットの被所有割合は，100分の20未満でありますが，非常勤取締役を受け入れているためその他の関係会社としたものであります。

下にある子会社が上場する意味は何なのかという,上場制度上のそもそもの問題を子会社上場は内包していると考えられます。

この問題に対しては,明快に答えを出すことはひとまず脇において,とりあえずは子会社といえども上場会社として求められる相応の体裁は整えてもらう,というのが現状での証券取引所の対応のようです。

(図表24)は上場前の株主構成による分類ですから,実際には上場に際しての公募・売出しによる持株比率の低下により,親会社としての位置付けが希薄となったり,あるいは変化をしたりする会社も何社かはあるでしょう。それはともかくとして,少なくとも上場前の段階では子会社系に分類される会社数は,毎年4分の1程度存在しており,特に東証第一部・第二部に新規上場する会社はそのウエイトがさらに高く,半数以上が子会社系の上場といえるものです。

(図表28)は平成16年以降に上場した子会社系新規上場会社と,その親会社等及びその持株比率を市場別に一覧表にしたものです。

3 役員・従業員の人数

役員(取締役・監査役)の人数

商法では,取締役の員数は株式会社すべて3名以上としています。また,監査役の員数は,中・小会社では1名で足り,常勤,非常勤などの制約はありませんが,大会社では3名以上とされ,常勤監査役の選任も必要としています。

このように,法により員数が定められていることもあり,役員数の分布は,会社規模の大小の差に比べると,分散の度合いは小さいものとなっています。要は,平均値が実態を表す意味のある数値となっているということです。(図表29)は,最近3年間における市場別新規上場会社の役員平均人数です。これによれば,既存市場では12〜13人,ジャスダックでは9名前後,マザーズでは8名前後,ヘラクレスでは8〜9人,といったところが役員の平均人数となっています。

第二章　会社の素顔・人間編（社長，株主，役員，従業員）

◆◇ 図表 29　役員の平均人数 ◇◆

		14 年	15 年	16 年	17 年（上半期）
取締役	既存市場	人 9.3	人 8.8	人 9.8	人 8.8
	ジャスダック	6.7	6.5	6.0	6.7
	マザーズ	5.1	5.8	5.7	5.6
	ヘラクレス他	5.3	5.6	6.2	6.0
監査役 （うち常勤）	既存市場	3.4(1.4)	3.5(1.4)	3.3(1.3)	3.4(1.8)
	ジャスダック	2.7(1.0)	2.8(1.1)	2.8(1.1)	2.6(1.1)
	マザーズ	2.6(1.0)	2.5(1.1)	2.7(1.1)	2.8(0.8)
	ヘラクレス他	2.6(0.9)	3.1(1.0)	2.8(1.0)	2.6(1.0)
合計	既存市場	12.7	12.3	13.1	12.6
	ジャスダック	9.3	9.2	8.8	9.3
	マザーズ	7.8	8.3	8.4	8.3
	ヘラクレス他	7.9	8.7	9.0	8.5

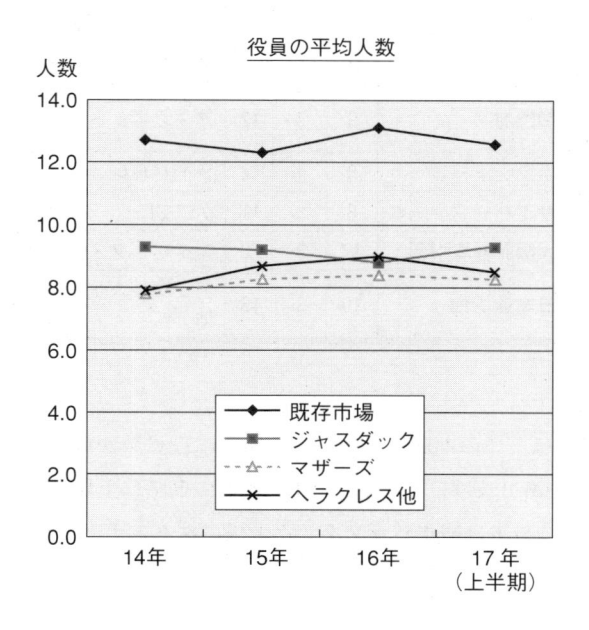

役員の平均人数

◆◇ 図表30　市場別最多・最少役員数 ◇◆

市場	年	最多				最少			
		会社名	取締役	監査役	合計	会社名	取締役	監査役	合計
			人	人	人		人	人	人
既存市場	14	大同生命保険	20	4	24	サンヨーハウジング名古屋	5	2	7
	15	セイコーエプソン	21	4	25	ファースト住建	4	2	6
	16	国際石油開発	18	4	22	穴吹興産	4	3	7
	17(上半期)	博報堂DYホールディングス	14	5	19	大和システム	6	3	9
ジャスダック	14	東北新社	16	3	19	シーティーエス他	4	2	6
	15	ナフコ	15	3	18	タクトホーム	3	2	5
	16	九九プラス	11	4	15	KG情報他	3	3	6
	17(上半期)	ジュピターテレコム	14	3	17	インテリックス	4	2	6
マザーズ	14	ドリームインキュベータ他	6	3	9	アイ・ビー.イー	4	2	6
	15	イーディーコントライブ	12	4	16	エリアリンク他	3	2	5
	16	新日本科学	16	4	20	アップガレージ他	4	2	6
	17(上半期)	関門海	9	3	12	アスカネット	3	2	5
ヘラクレス等	14	ネクシィーズ	8	4	12	ラ・パルレ	4	1	5
	15	サイバーファーム	8	3	11	ケア21	4	2	6
	16	大阪証券取引所	17	3	20	エイペックス他	4	2	6
	17(上半期)	日本通信他	10	3	13	デジタルスケープ他	4	2	6

　（図表30）では，この期間において，市場別に役員数が最多・最少であった会社名を掲げてあります。最多は，平成15年に東証に上場をしたセイコーエプソンの25名，最少は同年ジャスダック上場のタクトホーム他の5名です。

執行役員制度

　商法等の改正により，平成14年春から株式会社の統治形態として，委員会等設置会社の制度が導入されることとなりました。

　委員会等設置会社とは，商法特例法上の大会社またはみなし大会社が，監査役制度に代わって社外取締役を中心とした指名委員会，監査委員会，報酬委員会という三つの委員会を設置し，かつ，会社の業務の執行を担当する執行役を置く会社を指します。

　ところが，経営の監督機能と執行機能を分離するということであっても，商法等に定める委員会等設置会社とは異なり，従来型の監査役設置会社でありながら経営の執行機能のみを分担する執行役員の制度を導入する会社が増えつつあります。なかには取締役が執行役員を兼ねるケースや，執行役員がポスト不足に対応した処遇策のケースなど，いろいろな事情があってややこしくなります。

　新規上場会社のなかで執行役員制度を採り入れている会社数は，平成14年12社（9.7％），平成15年24社（19.8％），平成16年29社（16.6％）を数えることができますが，執行役員はここに言う役員には含めないとする扱いが一般的です。

　なお，商法等に定める委員会等設置会社の形態をとる新規上場会社には，平成17年3月に東証市場第一部に上場したカブドットコム証券があります。

従業員の人数

　役員数の分布とは違い，連結ベースでの従業員数の分布は広く分散をしています。このため，（図表31）は平均従業員数を市場別に集計したものですが，平均値が異常値の影響を受けてブレを生じるケースが出ています。平成15年の既存市場の平均値が突出しているのは，セイコーエプソンの従業員数7万3千人（図表32）や，NECエレクトロニクスの同2万3千人などの影響です。平成16年のマザーズの平均値も，シコー技研7千2百人の影響により，高い数値が算出される結果となっています。

◆ 図表31　新規上場会社（連結ベース）の平均従業員数 ◆

	14年		15年		16年		17年（上半期）	
	平均	中位数	平均	中位数	平均	中位数	平均	中位数
既存市場	人 1,670	人 401	人 6,268	人 533	人 1,349	人 605	人 1,359	人 304
ジャスダック	202	136	389	209	386	208	553	193
マザーズ	48	35	73	59	259	60	153	58
ヘラクレス等	75	38	264	49	198	100	92	52

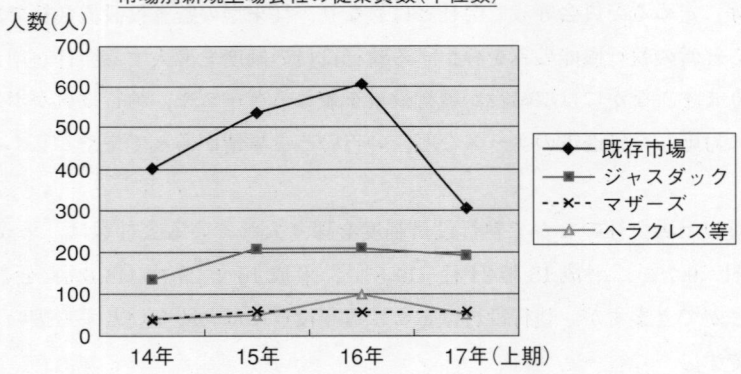

市場別新規上場会社の従業員数（中位数）

このため，（図表31）には分布の中位数も掲げてあります。この中位数に基づいて，きわめて大雑把に言うならば，新規上場会社の従業員数は，既存市場では400～600人，ジャスダックでは200人前後，マザーズでは50人前後，ヘラクレスでは50～100人といったところが新規上場会社のイメージといえるでしょう。

最少従業員数の新規上場会社

マザーズが東証に開設されたのは，平成11年11月ですが，その翌年以降相次いで新興企業向け市場が地方取引所にも開設され，小規模の会社もそれらの市場に上場できるようになりました。そこで，新興企業向け市場に本格的に新

◆ 図表32　市場別連結ベース最多・最少従業員数（平成12年～平成17年上半期）◆

年	最多			最少		
	会社名	従業員数	市場	会社名	従業員数	市場
12年	大塚商会	6,723	東京	ジャパンデジタルコンテンツ	8	マザーズ
13年	日清医療食品	6,460	ジャスダック	ジェイホーム	7	ジャスダック
14年	綜合警備保障	12,843	東京	メディカルシステムネットワーク	6	ヘラクレス
15年	セイコーエプソン	73.797	東京	メディビック	14	マザーズ
16年	シコー技研	7,287	マザーズ	LTTバイオファーマ	14	マザーズ
17年（上半期）	博報堂DYホールディングス	6,663	東京	ドリームバイザー・ドット・コム	5	マザーズ

規上場会社が登場するようになった平成12年以後で，最も少ない従業員数で上場を果たした企業はどこの会社で，従業員は何人だったのかをみてみましょう。

　（図表32）は平成12年以後の新規上場会社のうち，それぞれの年の最多従業員数と最少従業員数の会社を並べてみたものです。

　これによると，平成17年上半期の最少従業員数会社であったドリームバイザー・ドット・コムが，平成12年以降では最少の従業員数5名でマザーズに上場しており，同社がおそらく史上でも最少の従業員数の上場会社でしょう。同社は金融証券市場に関連するニュースの制作，配信，及び投資支援アプリケーションの開発，提供等の事業を行っており，上場直前事業年度の売上高2億1千6百万円，経常利益8千1百万円を計上しています。社長の川崎潮氏に，日興證券出身で上場時の年齢は40歳6ヶ月，会社設立から5年6ヶ月での上場です。

　同社以外にも10名未満の会社は，平成14年ヘラクレス上場のメディカルシステムネットワークの6名，13年ジャスダック上場のジェイホームの7名，

◆ 図表33　上場時従業員10名未満の会社の上場時データ ◆

会社名（市場）（公開日）	事業内容（所在地／経過年月数）	従業員数	役員数	主幹事証券 監査法人	公募株式数（株） 売出株式数（株） オーバーアロットメントによる売出株式数（株）	公開価格（円） 初値（円）	上昇率（％） 売買単位（株）	公開価格による時価総額（億円）	直前事業年度 売上高（百万円） 経営利益（百万円）	当期純利益（百万円） 1株当たり当期純利益（円）（注）
ジャパン・デジタル・コンテンツ（マザーズ）(H12.12.5)	デジタルコンテンツ製作会社に対するサポート業務（東京都／4年11ヶ月）	8	10	つばさ 中央青山	1,500 — —	330,000 381,000	15.5 1	20.1	829 9	4 995
ジェイホーム（ジャスダック）(H13.11.28)	FC加盟店への経営コンサル、住宅資材販売（東京都／8年10ヶ月）	7	6	明光ナショナル 朝日	1,000 — —	110,000 198,000	10.2 1	9.1	945 89	46 18,566
メディカルシステムネットワーク（ヘラクレス）(H14.3.18)	調剤薬局と医療品卸売会社のネットワークシステム構築、管理、運営（北海道／2年6ヵ月）	6	6	UFJキャピタル 創研合同	500 500 —	340,000 500,000	47.1 1	17.2	430 110	53 25,289
ドリームバイザー・ドット・コム（マザーズ）(H17.6.7)	個人投資家向け金融証券市場ニュース及び投資支援アプリケーションの提供事業等（東京都／5年6ヶ月）	5	6	マネックス・ビーンズ 新日本	1,000 515 —	500,000 1,300,00	160.0 1	42.4	216 81	81 18,566

(注) 1株当たり当期純利益については、遡及修正数値を記載しています。

第二章　会社の素顔・人間編（社長，株主，役員，従業員）

12年マザーズ上場のジャパン・デジタル・コンテンツの8名と，3社あります。（図表33）は，従業員10名未満で上場したこの4社が，新規上場をしたときのデータです。

4 従業員の年齢・勤続・給与

平均年齢30代前半

　新規上場を果たした会社に，その時期に勤務をしていた従業員の平均像とは，一体どのようなものなのか，各社の平均年齢，平均勤続，平均年間給与のデータから新規上場会社の従業員像を探ってみましょう。

　まず，各社の従業員平均年齢の分布状況を見てみると，一つの年齢に集中するということはなく，25歳から40歳台前半までの間にまんべんなく各社が分布をしていますが，市場別の分布の中位数で見てみると，（図表34 A）のように，新規上場会社の従業員の平均年齢は概ね30歳台の前半というところに収まります。

　30歳台前半といっても，市場別には既存市場の新規上場会社では35歳に近く，マザーズの新規上場会社では31歳に近いという違いがあります。

平均年齢の高い会社

　各社の平均年齢の年度別最高値と最低値は（図表34 B，C）のとおりです。

　最高値のほうから見てみると，平成14年は平均年齢43.3歳の日本ロングライフでヘラクレス上場です。社名からも社員年齢の高さを連想させますが，社名は介護サービスを提供する事業内容に由来しているものと思われます。同社は大阪に本社を置き，会社設立は昭和61年9月ですから，上場時までに15年6ヶ月を経過しています。上場時の従業員は38名，平均勤続年数は2.6年と平均年齢の高さに比してこちらの数値は短めです。また，同社は正社員以外にも145名の臨時社員を雇用しています。

◆ 図表34　従業員平均年齢（歳）◆

A（平均年齢分布中位値）

	14年	15年	16年	17年上期
既存市場	34.7	34.8	37.2	36.2
ジャスダック	32.9	33.5	33.2	34.6
マザーズ	32.4	31.4	31.9	33.8
ヘラクレス他	31.8	35.7	33.1	32.1

B（平均年齢最高値と会社名）

14年	43.3歳　日本ロングライフ（ヘラクレス）
15年	42.8歳　三井海洋開発（既存市場）
16年	48.5歳　日本ERI（ジャスダック）
17年上期	48.4歳　Human 21（ジャスダック）

C（平均年齢最低値と会社名）

14年	25.1歳　ネクシィーズ（ヘラクレス）
15年	26.0歳　ハニーズ（ジャスダック）
16年	24.3歳　アルテ（ジャスダック）
17年上期	27.3歳　ナルミヤ・インターナショナル（ジャスダック）

　平成15年の最高値は東証第二部に上場した三井海洋開発で，平均年齢42.8歳，浮体式海洋石油開発設備の設計・建造・据付等を事業内容としています。同社は昭和43年に設立された旧三井海洋開発（株）の事業を継承して，昭和62年6月に設立されました。したがって，実質的社歴は昭和43年まで遡ることになります。従業員の平均勤続年数は6.5年で平均年間給与額は982万円であり，平均年間給与額では平成15年新規上場会社のうちで同社は最高位（図表36B）に位置します。従業員は155名，ほかに590名の臨時従業員がいます。

　平成16年は，ジャスダック上場の日本ERIで，同社の平均年齢48.5歳は平成14年以後3年間の新規上場会社の中で最も高い年齢です。同社は，建築基準法に基づく建築物の確認検査業務が平成11年度に民間開放されたことを

第二章　会社の素顔・人間編（社長，株主，役員，従業員）

受け，この建築確認検査等を業務内容とする会社として平成11年11月に設立されました。従業員数は385名で，その多くは一級建築士の資格を保有していますが，会社設立から上場まで5年しか経過していないこともあり，上場時の従業員平均勤続年数は1.9年です。ちなみに同社のホームページの求人情報によると，「住宅性能評価員」の募集は55歳まで，「建築主事」の募集は65歳まで，となっています。

　平成17年上半期はジャスダック上場のHuman 21で，平均年齢48.4歳です。同社は東京の蔵前に本社を置き，不動産販売事業を行っています。従業員は55名で，平均勤続年数は4.1年ですが，同社の設立は昭和44年までさかのぼります。

従業員が若い会社

　次に平均年齢の最低値，すなわち若い従業員の会社について見てみましょう。

　平成14年の最低値を記録した会社は，ヘラクレス上場のネクシィーズで25.1歳です。上場市場はヘラクレスですが，同社は東京渋谷に本社を置き，衛星放送サービス等への加入契約の取次ぎやテレマーケティングサービスの提供を事業内容としています。従業員の平均勤続年数は1.2年と短いものの，会社設立は平成2年で，上場までに12年を経過しています。従業員数は223名，他に85名の臨時従業員がいます。

　平成15年はジャスダック上場のハニーズで，従業員平均年齢は26.0歳，福島県いわき市に本社を置き，婦人衣料及び服飾雑貨の製造販売を事業内容とするアパレル企業です。従業員数は632名で平均勤続年数は3.4年，このほかに臨時従業員436名を雇用しています。同社の設立は昭和53年6月でジャスダック上場までに25年6ヶ月を要しましたが，ジャスダックに上場してからは，その1年4ヶ月後の平成17年4月には早くも東証第一部に鞍替えを果たしています。

　平成16年の従業員平均年齢最低値はジャスダック上場のアルテで，平均年齢24.3歳は平成14年以後3年間の新規上場会社のなかでも最も若い年齢です。

同社は，美容室を直営とフランチャイズで運営する会社で，従業員数は386名，本社を横浜に置いています。会社設立は昭和63年11月，上場までに15年8ヶ月かかっていますが従業員の平均勤続年数は1.4年です。

　平成17年上半期は，ジャスダック上場のナルミヤ・インターナショナルで27.3歳です。同社は東京北青山に本社を置き，子供服，婦人服の販売等を事業内容とするアパレル企業です。従業員は1,725名で他に463名の臨時従業員を雇用しています。従業員の平均勤続年数は4.1年です。

平均勤続年数は？

　新規上場会社の従業員平均勤続年数の中位数は，平均年齢の中位数が概ね30歳台の前半に収まっているのとは対照的に，市場別に際立った特徴を示しています。市場別に平均勤続年数の分布中位数を表す（図表35）によると，勤続年数の長い順に既存市場では10年前後，ジャスダックでは5年弱，ヘラクレスでは2年前後，マザーズでは1年半強という数字を示しています。

　平均勤続年数がこのように上場市場別に異なってくるのには，それなりの理由が考えられます。一番の理由は30ページで述べたとおり，それぞれの市場のコンセプトに応じて上場する会社の会社設立から上場までの経過年数に違いがあることです（図表17）。歴史の長い会社に勤務する従業員の平均勤続は長く，設立後間もない会社の従業員の平均勤続年数が短く算出されるのは当然のことでしょう。

勤続年数と社歴の関係

　平成14年以降に上場した会社のなかで，その年の平均勤続年数が最も長かった会社（図表35B）の平均勤続年数は16年～19年ですが，それらの会社の設立から上場までの経過年数を見てみると，住友チタニウム48年4ヶ月，石油資源開発33年8ヶ月，大阪証券取引所55年，博報堂DYホールディングスに至っては109年4ヶ月(注)と，いずれも上場までに長い社歴があることがわかります。

第二章 会社の素顔・人間編（社長，株主，役員，従業員）

◆◇ 図表35 従業員平均勤続年数（年）◇◆

A （平均勤続年数分布中位値）

	14年	15年	16年	17年上期
既存市場	9.7	6.0	11.0	10.7
ジャスダック	4.2	4.9	3.9	5.5
マザーズ	1.4	1.8	1.8	1.7
ヘラクレス他	1.6	1.9	2.9	1.9

B （平均勤続年数最長値と会社名）

14年	16.6年　住友チタニウム（既存市場）
15年	19.0年　石油資源開発（既存市場）
16年	19.0年　大阪証券取引所（ヘラクレス）
17年上期	19.6年　博報堂DYホールディングス（既存市場）

C （平均勤続年数最短値と会社名）

14年	0.7年　アンジェスエムジー（マザーズ） 同　　モスインスティテュート（ヘラクレス）
15年	0.6年　オンコセラピー・サイエンス（マザーズ）
16年	0.8年　アガスタ（マザーズ）
17年上期	1.0年　シンプレックス・インベストメント・アドバイザーズ 同　　ガンホー・オンライン・エンターテイメント

一方，平均勤続年数が0.6年～1.0年と最も短かった会社（図表35 C）の，会社設立後上場までの経過年数はアンジェスエムジー2年9ヶ月，モスインスティテュート5年4ヶ月，オンコセラピー2年8ヶ月，アガスタ7年1ヶ月，ガンホー6年8ヶ月，シンプレックス3年となっています。

（注）　博報堂DYホールディングスは，博報堂，大広，読売広告社の経営統合にあたり平成15年10月に共同持株会社として設立されましたが，その傘下の主要会社である博報堂の創業は明治28年10月にまで遡ります。また，大阪証券取引所は昭和24年4月に会員組織の証券取引所として設立され，平成13年4月に株式会社へと組織変更されたものですが，その前身は明治11年6月に設立された大阪株式取引所です。

さらに，市場別に新規上場会社の平均勤続年数に大きな違いが出てくる理由として考えられるのは，新興企業向け市場に上場する会社は，成長途上の段階にある会社が多いため，従業員数の増加率も一般の会社に比べ高い伸びを示すことが想定され，これも平均勤続年数を押し下げている要因といえるでしょう。
　このように，従業員増加率が高いことが想定されるにもかかわらず，平均年齢は市場別に大きな差となって出てこないのは，新興企業向け市場に上場する会社は，増加従業員のうちの相当数を中途採用により調達しているためと考えられます。
　ちなみに，その年の従業員平均勤続が最も短かった前出6社の，事業内容，従業員数と平均年齢は次のとおりです。
　平成14年上場のアンジェスエムジーは医薬品の研究開発，モスインスティテュートは製薬会社の臨床試験のデータ管理支援を事業内容とする，いずれも"バイオ関連"会社で従業員数はそれぞれ63人と55人で，平均年齢は36.0歳と34.3歳です。
　平成15年のオンコセラピーも癌治療薬の研究開発を行うバイオ関連会社で，従業員42人，平均年齢29.4歳，平成16年のアガスタは中古自動車の輸出販売事業で，従業員24名，平均年齢26.1歳の会社です。
　平成17年のシンプレクスは不動産投資顧問事業で従業員48名，平均年齢35.4歳，ガンホーはオンラインゲームの企画・開発事業で従業員109人，平均年齢29.8歳で，上場後に株価が2,310万円とマンション並みの高値をつけて話題となりました。

平均年収500万円

　平成14年～17年上半期の新規上場会社の従業員年間平均給与額（賞与を含む）の分布を100万円刻みでとってみると，もっとも社数が集中するのが400～500万円と500～600万円の二つのレンジです。平均年齢，勤続が比較的高い数字を示した既存市場の新規上場会社だけをとってみると，この最頻社数のレンジは500～600万円と600～700万円の二つのレンジへと一刻み上方へシフ

第二章　会社の素顔・人間編（社長，株主，役員，従業員）

トします。

　また，（図表36 A）の市場別分布の中位数の数字からも，既存市場に上場した会社の年収が比較的高いという傾向がうかがえます。

　このことを踏まえてごく単純化していうならば，当該期間の新規上場会社の従業員平均年収は約500万円，既存市場だけならば約600万円強といったところでしょうか。

年収の多い会社，少ない会社

　（図表36 B，C）は，平均年収の最も高い会社と低い会社のリストですが，このなかで最近の新規上場会社の傾向の一端を表す特徴的な会社について紹介

◆◇ 図表36　従業員平均年間給与（単位：万円）◇◆

A（平均年間給与分布中位値）

	14年	15年	16年	17年上期
既存市場	543	621	630	680
ジャスダック	502	517	476	487
マザーズ	542	499	497	611
ヘラクレス他	490	362	461	454

B（平均年間給与最高値と会社名）

14年	1,134万円　ケネディ・ウィルソン・ジャパン（ヘラクレス）
15年	982万円　三井海洋開発（既存市場）
16年	1,273万円　セキュアード・キャピタル・ジャパン（マザーズ）
17年上期	1,368万円　シンプレックス・インベストメント・アドバイザーズ（マザーズ）

C（平均年間給与最低値と会社名）

14年	270万円　ジェイ・プランニング（ジャスダック）
15年	272万円　日本エイム（ジャスダック）
16年	282万円　アルテ（ジャスダック）
17年上期	239万円　ワールドインテック（ジャスダック）

をしてみましょう。

　平成14年の最高給会社は，ヘラクレスに上場したケネディ・ウィルソン・ジャパンで平均年間給与は1,134万円です。同社は平成7年に米国不動産会社の子会社として東京に設立され，機関投資家向けの不動産投資アドバイザリー事業等を事業内容としており，従業員は35名，平均年齢41.3歳，平均勤続年数1.6年の会社です。

　同社のホームページによれば，同社は「不動産投資と金融の高度な専門的知識を提供する少数精鋭の専門家集団」とあり，給与の高さも何となく納得してしまいそうです。同社は，ヘラクレスに上場して1年10ヶ月後の平成15年12月には東証第二部に鞍替えをし，さらにその翌年には東証第一部の指定を受けています。また，平成17年5月には社名もケネディクスに変更し，さらなる飛躍を目指しています。

　平成16年の最高給会社は，マザーズに上場したセキュアード・キャピタル・ジャパンで，平均年間給与は1,273万円です。同社は平成9年に，米国SCC社の共同創業者により東京で設立され，機関投資家等に不動産投資に関する助言及びアセットマネジメントを行うことを事業内容としています。

　なんと，平成14年最高給会社のケネディ・ウィルソン・ジャパン社と，会社の生い立ちから事業内容まで瓜二つではありませんか！おまけに，従業員52名，平均年齢37.5歳，平均勤続年数1.7年とこちらのデータまで似ているような気がします。こちらのキャッチコピーは，「顧客投資家に最大限の利益をもたらす不動産・債権投資のプロフェッショナル」とあり，やはりケネディ社と同様に専門性が同社のセールスポイントです。

　サプライズはさらに続きます。

　平成17年上期の最高給会社シンプレクス・インベストメント・アドバイザーも，「金融と不動産のスペシャリストとして，投資家のみなさまに長期的かつ安定的な魅力ある不動産投資関連商品を提供いたします」とあります。こちらの平均年間給与は1,368万円，従業員48名，平均年齢35.4歳で，従業員の最短勤続年数のところでも紹介したとおり，平均勤続年数が1.0年です。勤

第二章　会社の素顔・人間編（社長，株主，役員，従業員）

続年数が短いのは，会社設立から上場までに3年しか経過していないためではないかと考えられますが，勤続年数が短い点についてはここに揚げた3社に共通する特徴のようにも見受けられます。

　毎年9月末になると，各都道府県の基準地価が公表されます。それによると，平成17年の東京都区部全体の住宅地，商業地は平成2年以来の地価の上昇ということです。内外の不動産ファンド，REIT（不動産投資信託）や個人投資家までも，金利の低さと潤沢な資金を背景に不動産市場に参入しているそうで，これらの資金も地価の上昇に一役買っているように思われます。

　このような市場環境を映して，賃料を投資元本で割ったキャップレート（還元利回り）は低下のきざしを見せはじめたようですが，まだまだ金融商品としての不動産の対国債金利スプレッドは十分に大きいといわれており，この業界の高給ぶりはしばらくは続きそうな情勢です。

　さて次は平均年収の低い会社，言い換えれば効率経営に徹している新規上場会社の特徴的な点についてみてみましょう。

　（図表36C）にリストアップされている4社は，いずれもジャスダックへの上場です。

　このなかで，平成15年の日本エイムと平成17年上期のワールドインテックの事業内容は，ともに半導体等の製造現場のサポートを行う「アウトソーシング」企業です。

　日本エイムは平成7年横浜で設立をされ，依頼主メーカーの半導体・液晶製造等における生産ラインを一括して請負い，人員コスト削減をはじめとした経営効率の向上を支援することをセールスポイントとしています。従業員は2,041名，平均年齢29.2歳，平均勤続年数1.1年の労働集約型企業で，平均年間給与は272万円です。なお，同社では，最近1年間において従業員が740名増加しています。

　一方のワールドインテックは北九州市小倉に平成5年に設立され，従業員6,121名，平均年齢30.7歳，平均勤続年数1.3年で，平均年間給与は239万円です。同社の従業員には正社員の他に，雇用期間を限定した期間契約社員も

含まれています。また，業容の拡大に伴い同社でも最近の1年間で従業員が約2千名も増加をしており，同社の使命として掲げる雇用の創出に大きく貢献をしています。

　こうしてみると，新規上場会社といってもこの章で紹介をした数多くの会社に勤める役員・従業員の実像はさまざまです。

第三章

会社の素顔・経営成績編
（経営財務指標）

第三章

全体の構成・経営知識編
（経営戦略編）

第三章　会社の素顔・経営成績編（経営財務指標）

　会社の経営成績や財政状態は，その会社の財務諸表から読み取ることができます。
　この章では，目論見書に掲載された財務諸表から集計した経営財務指標を基に，新規上場会社の特徴や傾向を紹介することにいたしましょう。

1 財務諸表を読む前に

連結財務諸表作成会社

　上場会社が開示をする会社情報は，上場会社とその会社が支配をする会社からなる企業グループの情報が基本となり，上場会社グループとしての経営成績が反映されてその会社の株価が形成されます。したがって，証券取引所の新規上場審査も，申請会社単独の審査というよりは，申請会社の企業グループを対象に審査が行われることになります。

　しかし，すべての上場会社にグループを構成する子会社等が存在するわけではなく，単独で事業活動を展開する会社も少なくありません。企業グループで事業を展開する会社は，連結財務諸表を作成し，そうでない会社は個別の財務諸表のみを作成して，会社情報を開示することになります。

　それでは，新規上場会社のうち，どのくらいの数の会社が企業グループとして活動をし，連結財務諸表を作成しているのでしょうか。これを平成16年に上場した175社について見てみますと（図表37），既存市場では約9割の会社が，新興市場等では約4割の会社が連結財務諸表を作成しています。そして，連結財務諸表を作成している会社の連結子会社数の平均は，既存市場では約10社，新興市場では2～3社となっています。

　新規上場会社のうち連結財務諸表を作成する会社の占める割合は，年により多い少ないの動きはありますが，市場全体を通して見ると，概ね4割～5割の会社が，連結財務諸表を作成しているといえるでしょう。本書でとりあげる経営諸指標等も，連結財務諸表を作成している会社の場合には，この連結ベース

◆〉 図表37 連結財務諸表作成会社数と連結子会社数 〈◆

(平成16年)

	連結作成会社数		連結作成会社の平均連結子会社数
	会社数	比　率	
	社	%	社
既存市場	22	88.0	10.9
ジャスダック	29	40.8	2.3
マザーズ	21	37.5	3.1
ヘラクレス他	10	43.5	2.8
合　計	82	46.9	4.7

での数値を基にしています。

ホールディングカンパニー

　他社の株式を所有することにより，その事業活動を支配することを主な事業とする会社のことを，持株会社といいます。持株会社のなかでも，本業を行うかたわら，他社の事業活動を支配する会社を事業持株会社，本業を持たずにもっぱら他社の事業活動を支配する会社のことを純粋持株会社（ホールディングカンパニー）といいます。

　新規上場会社のうち，連結財務諸表を作成している会社の多くは，すなわち子会社の株式を所有してグループ経営を行う会社の多くは，事業持株会社です。しかし，最近では純粋持株会社の新規上場も少なからず見受けられるようになってきました。平成16年マザーズ上場のGDH，17年上期では東証第一部上場の博報堂DYホールディングス，マザーズ上場のリンク・セオリー・ホールディングスなどが純粋持株会社の上場です。純粋持株会社となると，事業活動はすべて被持株会社で行われていますので，これはもう当該持株会社の経営財務情報は，連結ベースでないと意味をなさないことになります。

　平成9年に独占禁止法が改正され，それまで禁止されていた純粋持株会社が解禁されてから，純粋持株会社を使って経営の効率化や業界の再編成を行うな

どの事例が，既上場の大会社の間にも増えてきました。三菱東京フィナンシャルグループや，みずほフィナンシャルグループなどの金融グループをはじめ，NTT，JFEホールディングス，日本ユニパックホールディング，AOCホールディングス等々，現在では多くの大企業グループが純粋持株会社に移行し，その純粋持株会社が上場をしています。

決算月は，やはり3月

我が国では国や地方公共団体の会計年度が，財政法や地方自治法により，4月1日から翌年の3月31日までの期間と定められています。このため，株式会社の決算月もこれにならって3月とするところが多いようです。東証上場会社で見てみると，平成17年3月末の内国上場会社2,288社のうち，3月決算会社は1,786社で78.1％を占めています。

それでは，新規上場会社の決算月はどうでしょうか？

(図表38) は平成16年に新規上場した会社と，その3年前の平成13年に新規上場した会社の決算月の分布状況です。この表からも，新規上場会社の多くが3月決算であることがうかがえますが，その比率は4割強という数字で半数に達しておらず，既上場会社に比べると大きく下回っています。

また，3月の次に多いのが，12月決算の会社で，こちらは約1割となっています。それ以外の月では，2月，6月，9月の決算月が比較的多く，既上場会社の3月集中に比べれば，おしなべて分散していると言えるでしょう。

目論見書と決算短信の情報

本書のデータは，新規上場会社が上場前に行う新規公開株の募集・売出しに関して，投資家に交付した目論見書から抽出をしています。

目論見書は証券取引法に基づく法定書類ですから，そこに記載される情報は正確であることが第一に求められ，基本的には予測に基づく情報等は掲載されません。事実に基づかない情報により投資家に株式の取得を勧誘するのは不当である，との考えによるものです。したがって，最終的に株主総会の承認を経

◆◇ 図表38　決算月の分布 ◇◆

（H13年 vs 16年）

月	13年		16年	
	社数(社)	比率(%)	社数(社)	比率(%)
1	6	3.6	3	1.7
2	11	6.5	14	8.0
3	84	49.7	77	44.0
4	2	1.2	5	2.9
5	6	3.6	8	4.6
6	11	6.5	14	8.0
7	3	1.8	7	4.0
8	7	4.1	8	4.6
9	14	8.3	12	6.9
10	3	1.8	6	3.4
11	4	2.4	2	1.1
12	18	10.7	19	10.9
合計	169	100.0	175	100.0

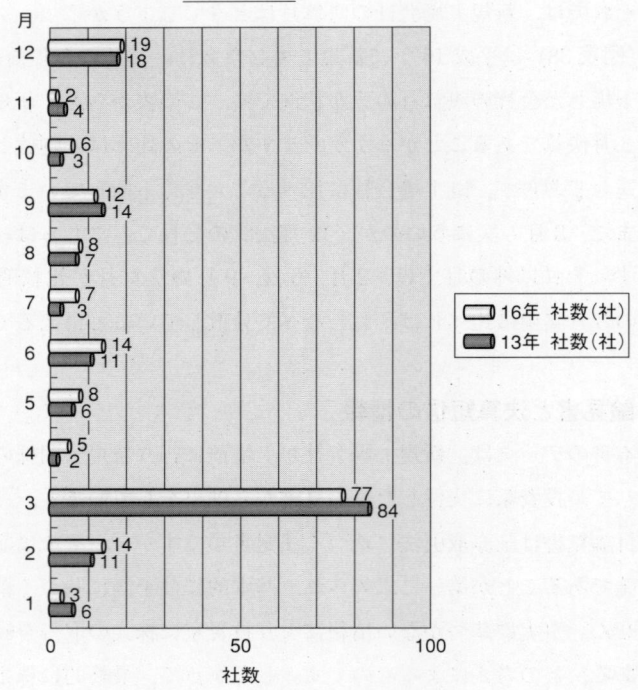

決算月の分布

第三章　会社の素顔・経営成績編（経営財務指標）

◆◇ 図表39　上場前に開示をされる最新の経営財務情報 ◇◆

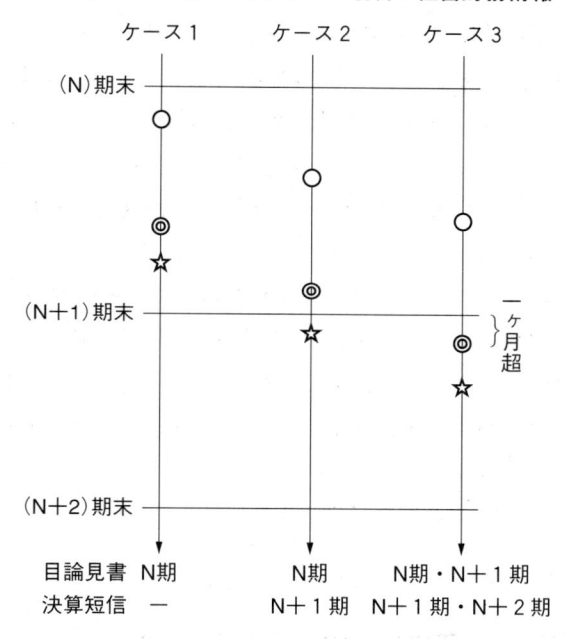

	ケース1	ケース2	ケース3
目論見書	N期	N期	N期・N＋1期
決算短信	―	N＋1期	N＋1期・N＋2期

○　上場申請日
◎　上場承認日・有価証券届出書提出日
☆　上場日

ていない決算情報は，目論見書には原則として掲載されないこととなります。

　しかし，その会社の最新の財務・業績の内容は，株価に最も影響を与える情報の一つです。そこで，目論見書交付日（有価証券届出書提出日）が，上場申請を行ったその会社の事業年度の末日を1ヶ月以上経過する場合には，その事業年度の業績の概況についても記載することとされています。（図表39）の，ケース3がこれに該当します。そして，この情報は財務諸表の体裁で目論見書に掲載されるのが通常ですが，これは確定した決算の財務諸表ではなく，公認会計士の監査を受けたものでもありません。また，実際の新規上場の日程はケース3よりも，むしろケース1，2の場合の方が多いといえますので，本書

のデータはすべて目論見書に掲載されたN期の情報に拠っています。

しかしN+1期の情報は、株価形成には大きな影響がある情報ですので、投資家は注目する必要があります。さらに投資家にとって重要なことは、ケース3以外の場合にも上場前の新規上場会社の業績情報を、決算短信から知ることができるという点です。ケース2の場合がこれに該当し、ケース1の場合でも上場日がN+1の期末に近い時には、N+1期の業績見込みとして上場前に公表されることがあります。

また、ケース3の場合に公表される決算短信には、N+2期の業績予想を記載することが原則とされていますので、これも新規公開株投資を行う投資家には重要な情報です。決算短信は法定書類ではありませんが、ここに記載をされている情報の内容とそれを公表することについては新規上場会社の取締役会の決議を経て、その上で証券取引所に提出をされているものです。決算短信は証券取引所のホームページや閲覧室で見ることができます。

2 総資産・純資産・株主資本比率

前述のとおり本書のデータは、上場に際して行う公募・売出しにかかる目論見書に記載されているN期の財務諸表から抽出をしています。したがって、その財務諸表は上場申請日の直前期のものであり、かつ新規公開株の公募増資等を行う前のものであることに注意しましょう。特に貸借対照表は、上場時には増資により大きく形を変えることとなりますが、ここでとりあげるデータは、あくまでも非公開会社の上場前の決算の姿を映したものです。

総資産

一口に新規上場会社といっても、その規模は大小さまざまです。

会社の規模を表す指標のなかで、よく使われるものの一つに総資産があります。総資産とは企業のすべての資産、あるいは企業に投下されたすべての資本、

第三章　会社の素顔・経営成績編（経営財務指標）

すなわち負債（他人資本）と自己資本の合計でもあります。

　会社を評価するための財務分析をするときに，利益額を総資産額で除して求めた総資産利益率がよく使われます。総資産利益率は総資産（企業に投下された総資本）が，利益獲得のためにどれほど効率的に利用されたかをみる総合的な収益性を測る指標で，ROAとも略称されます。

　しかし，この指標は，負債と資本の構成の変化から影響を受けることがありませんから，株主・債権者などの社外のステークホルダーよりも，むしろ社内の経営者・財務管理者などが注目する指標といえるでしょう。ROAを高めるには，利益額を大きくするか総資産額を少なくすればよいことになりますから，経営者がバランスシートのスリム化に熱心となる理由もここにあるといえます。このように総資産額は，財務分析上の総資産利益率や株主資本比率などを計算する際の基礎となる数値として使われます。

　この総資産の規模は，売上高や従業員数などと同様に，その大小については新規上場会社の間で大きな企業間格差があります。（図表40）は，平成16年と17年上半期に上場した会社について，市場別に総資産の規模を集計したものです。

　市場別の平均値は少数の大会社の影響を大きく受けるため，市場別に新規上場会社のおよその規模をイメージするならば，規模の分布の中位値でみるとよいでしょう。その中位値によれば，既存市場（ほとんどが東証）では300～500億円，ジャスダックでは40～50億円，マザーズ他の新興市場では15億円前後というのが最近の新規上場会社の総資産規模とみることができます。

　次に，過去10年間の新規上場会社のなかで，総資産額の最大・最小の会社はどこかを市場別に見てみましょう（図表41）。最大は，平成12年に東証市場第一部に上場した信金中央金庫で，総資産21兆5千億円と飛び抜けた大きさです。同社は協同組織金融機関として，会員である信用金庫のセントラルバンクともいうべき役割を担っており，上場したのは株券ではなく優先出資証券です。

　第2位は平成15年の太陽生命保険で6兆8千5百億円，第3位は平成16年

◆◇ 図表40　市場別総資産額 ◇◆

(単位：百万円)

		既存市場	ジャスダック	マザーズ	ヘラクレス他
平成16年	社数	25社	71社	56社	23社
	平均値	505,863	12,117	3,450	8,619
	中位値	30,613	4,289	1,614	1,420
	最大値	6,706,971 (新生銀行)	259,876 (イー・トレード証券)	31,649 (タカラバイオ)	89,849 (大阪証券取引所)
	最小値	6,563 (クラウディア) ※大Ⅱ	1,056 (オプト)	261 (リプラス)	329 (アルファ・トレンド) ※A
平成17年 上半期	社数	6社	36社	12社	21社
	平均値	239,074	15,306	3,564	2,667
	中位値	47,371	5,720	1,478	1,749
	最大値	480,363 (博報堂DYホールディングス)	263,686 (ジュピターテレコム)	17,674 (リンク・セオリー・ホールディングス)	15,247 (トレーダーズ証券)
	最小値	28,249 (大和システム)	1,765 (共同ピーアール)	140 (ドリームバイザー・ドット・コム)	91 (エムビーエス) ※Q

※大Ⅱは大証第二部，※Aはアンビシャス，※QはQ-Board上場

の新生銀行で6兆7千億円と金融機関が続きます。

　これに対し最小の総資産の会社は，平成17年Q-Boardに上場したエムビーエスの9千1百万円，同じく平成17年にマザーズに上場をしたドリームバイザー・ドット・コムの1億4千万円と，ともに最大値の会社とは大きな相違が見られます。

第三章　会社の素顔・経営成績編（経営財務指標）

◆◇ 図表41　過去10年間の総資産額最大・最小値ランキング ◇◆

（平成8年～17年上期）

	市　場	No	会　社　名	上場年	総資産額
最大値	既存市場	1	信金中央金庫	平成 年 12	百万円 21,534,480
		2	太陽生命保険	15	6,855,318
		3	新生銀行	16	6,706,971
	ジャスダック	1	武富士	8	1,318,297
		2	アイフル	9	724,313
		3	イー・トレード証券	16	259,876
	マザーズ	1	スカイ・パーフェクト・コミュニケーションズ	12	71,567
		2	カルチュア・コンビニエンス・クラブ	12	47,158
		3	WOWOW	13	42,687
	ヘラクレス他	1	アイ・ティー・エックス	13	238,820
		2	有線ブロードネットワークス	13	138,682
		3	近鉄エクスプレス	12	92,733
最小値	既存市場	1	テスク　　※名Ⅱ	14	1,081
		2	NITTOH　　※名Ⅱ	12	1,450
		3	あみやき亭	14	1,936
	ジャスダック	1	ヤフー	9	375
		2	ジェイホーム	13	454
		3	アイ・ピー・エス	13	472
	マザーズ	1	ドリームバイザー・ドット・コム	17	140
		2	バリュークイックジャパン	12	209
		3	ジャパン・デジタル・コンテンツ	12	231
	ヘラクレス他	1	エムビーエス　　※Q	17	91
		2	デジタルデザイン	12	200
		3	キャリアバンク　　※A	13	286

※名Ⅱは名証第二部，※QはQ-Board，※Aはアンビシャス上場

純資産

　純資産とは総資産から負債を控除したものです。これは，貸借対照表の資本の部の合計である株主資本（自己資本）と一致します(注)。この値がマイナスの状態が債務超過で，この場合には株主資本は累積欠損金などによりマイナスとなっています。

　貸借対照表の資本の部の内容は，株主の払込金である資本金及び資本剰余金と，過年度からの利益の蓄積である利益剰余金で構成されています。

　株式の取得が一般に開放されていない未公開会社の場合，株主資本を増加させる方法は限られています。また，社歴が浅いときは利益の蓄積も十分とはいかないでしょう。そのため，上場を目指す会社にとって，各市場の上場基準のうち株主資本すなわち純資産額の条件をクリアーすることが最も難しいといわれています。

　例えば，東証では10億円以上，大証，名証，福証，札証では3億円以上の純資産が申請直前期の段階で必要です。これに対し，企業の実績よりも成長性を重視する新興企業向け市場の上場基準の多くは，既存市場の上場基準とは異なり，純資産額の基準を設けていないか，あるいは債務超過でないことを求めているに過ぎません。

　（図表42）は過去10年間の純資産額の最大・最小のランキングです。このなかで最小値にランクアップされている，平成13年マザーズ上場のWOWOW，ヘラクレス上場のダブルクリック，平成17年Q-Board上場のエムビーエスなどは申請直前期は債務超過の状態です。

　また，ジャスダックの上場基準では，上場に際しての公募増資による払込金が純資産に加味できるよう，申請直前期ではなく上場時に10億円以上の純資産がクリアーできていればよいことになっています。

（注）　企業会計基準委員会が平成17年8月10日に公表した，「貸借対照表の純資産の部の表示に関する会計基準（案）」では，貸借対照表は，資産の部，負債の部，及び純資産の部に区分し，純資産の部は株主資本，評価・換算差額等，新株予約権（及び少数株主持分）に区分すると改められ，平成18年4月1日以後開始する事業年度から新基準が適用される予定となっています。

第三章　会社の素顔・経営成績編（経営財務指標）

◆◇ 図表42　過去10年間の純資産額最大・最小値ランキング ◇◆

（平成8年～17年上期）

	市　場	No	会　社　名	上場年	純資産額
最大値	既存市場	1	新生銀行	平成 年 16	百万円 679,837
		2	信金中央金庫	12	627,604
		3	東海旅客鉄道	9	452,711
	ジャスダック	1	武富士	8	270,188
		2	日本マクドナルド	13	97,181
		3	アイフル	9	93,058
	マザーズ	1	タカラバイオ	16	25,718
		2	スカイパーフェクト・コミュニケーションズ	12	22,407
		3	イー・アクセス	15	5,486
	ヘラクレス他	1	大阪証券取引所	16	26,089
		2	アイ・ティー・エックス	13	20,483
		3	近鉄エクスプレス	12	20,224
最小値	既存市場	1	フォー・ユー　※大Ⅱ	12	468
		2	原弘産　※大Ⅱ	13	487
		3	贔屓屋　※大Ⅱ	12	540
	ジャスダック	1	ジュピターテレコム	17	−10,188
		2	ジェイホーム	13	200
		3	山田債権回収管理綜合事務所	14	212
	マザーズ	1	WOWOW	13	−8,462
		2	篠崎屋	15	66
		3	ケンコーコム	16	83
	ヘラクレス他	1	ダブルクリック	13	−90
		2	エムビーエス　※Q	17	−10
		3	一六堂　※セ	17	9

※大Ⅱは大証第二部，※QはQ-Board，※セはセントレックス上場

平成17年にジャスダックに上場したケーブルテレビの最大手企業ジュピターテレコムは，米国会計基準により作成した申請直前期の貸借対照表では純資産額は967億円となっていますが，これを日本基準に組替えると102億円の債務超過となります。しかし，上場時の公募増資により，上場時には債務超過を解消して上場基準をクリアーしています。
　過去10年間の新規上場会社のうち，申請直前期に債務超過であった会社はここに紹介をしたWOWOW，ダブルクリック，エムビーエス，ジュピターテレコムの4社だけです。

純資産規模と株主資本比率

　(図表43)は，平成16年と17年上半期に上場した会社について，市場別に純資産の規模を集計したものです。
　ここでも，市場別の新規上場会社の純資産額がどの程度であったのかを見る数値として，分布の中位値に注目してみます。それによれば，既存市場では50〜100億円，ジャスダックでは15億円前後，マザーズは7億円，ヘラクレス等の新興市場は5億円というのが，上場申請直前期の純資産額のおよその規模といえるでしょう。
　次に，総資産に占める純資産の割合，すなわち株主資本比率の分布について見てみましょう。前述のとおり，株主資本比率はその会社の財務の安定性を見る指標で，自己資本比率とも言われています。ちなみに，既上場会社の例で見ると，トヨタ自動車の株主資本比率（平成17年3月期連結，米国基準）は37.2％，ソフトバンクは10.4％（平成17年3月期連結）となっています。
　(図表44)は，平成16年及び17年上半期の新規上場会社の申請直前期における株主資本比率の分布です。これによれば，株主資本比率0％（含むマイナス）から100％までを10％きざみとした各レンジに，広く社数が分布をしています。そのなかで，最も社数が集中しているのが株主資本比率20〜30％のゾーンで，51社(20.4％)がこの中におさまっており，分布の中位値は30〜40％のゾーンの中に位置しています。

第三章　会社の素顔・経営成績編（経営財務指標）

◆◇ 図表43　市場別純資産額 ◇◆

（単位：百万円）

		既存市場	ジャスダック	マザーズ	ヘラクレス他
平成16年	社数	25社	71社	56社	23社
	平均値	67,970	2,840	1,284	2,128
	中位値	9,756	1,634	708	587
	最大値	679,837 （新生銀行）	20,638 （イー・トレード証券）	25,718 （タカラバイオ）	26,089 （大阪証券取引所）
	最小値	1,394 （穴吹興産） ※大Ⅱ	296 （オプト）	83 （ケンコーコム）	223 （キャリアデザインセンター）
平成17年上半期	社数	6社	36社	12社	21社
	平均値	42,491	2,175	1,195	770
	中位値	6,075	1,540	663	506
	最大値	176,635 （博報堂DYホールディングス）	17,388 （メディキット）	4,574 （リンク・セオリー・ホールディングス）	2,625 （ロジコム）
	最小値	3,734 （グリーンホスピタルサプライ）	−10,188 （ジュピターテレコム）	123 （ドリームバイザー・ドット・コム）	−10 （エムビーエス） ※Q

※大Ⅱは大証第二部，※QはQ-Board上場

　また，平成16年・17年上期の新規上場会社で，総資産額・純資産額がともに最大であった新生銀行の株主資本比率は10.1％です。

　一方，平成16年・17年上期の新規上場会社で純資産が正の値であった会社のうち，総資産額が1億4千百万円と最小であったドリームバイザー・ドット・コムの株主資本比率が87.9％，純資産額が8千3百万円と最小であったケンコーコムは22.8％です。

◆ **図表 44　株主資本比率分布** ◆

（平成 16 年～17 年上期）

株主資本比率	会社数	比率
％　　　％未満	社	％
0.0　～　10.0	20	8.0
10.0　～　20.0	38	15.2
20.0　～　30.0	51	20.4
30.0　～　40.0	38	15.2
40.0　～　50.0	34	13.6
50.0　～　60.0	24	9.6
60.0　～　70.0	16	6.4
70.0　～　80.0	18	7.2
80.0　～　90.0	7	2.8
90.0　～　100.0	4	1.6
合　　計	250	100.0

株主資本比率分布

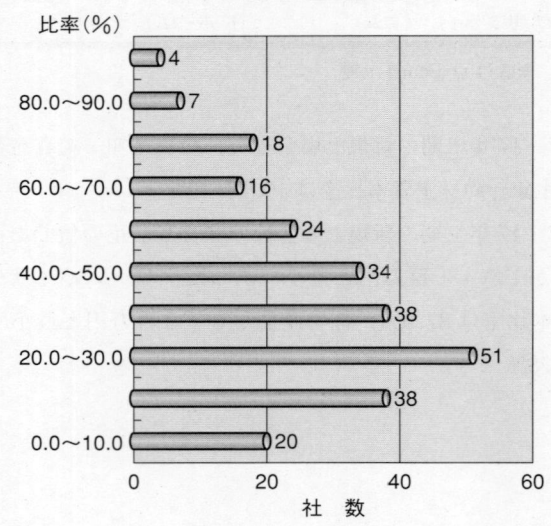

株主資本比率が90％以上の会社

（図表45）は平成16年，17年上半期の新規上場会社のうち，株主資本比率が90％以上の会社，つまり，負債の比率が10％未満という会社です。ここにリストアップされた，そーせい，豆蔵，LTTバイオファーマ，アドバンスト・メディアの4社の上場市場はいずれもマザーズです。

◆◇ **図表45　株主資本比率90％以上の会社** ◇◆

（平成16年，17年上期）

上場年	社　名	株主資本比	純資産	総資産
16	そーせい	% 94.0	百万円 1,062	百万円 1,131
	豆　蔵	93.3	939	1,007
	LTTバイオファーマ	90.8	881	971
17	アドバンスト・メディア	91.2	1,884	2,066

そーせいとLTTバイオファーマの2社は，ともに創薬系のバイオベンチャー企業で，主にベンチャーキャピタルへの第三者割当増資により資金を調達しています。特に，そーせいの資本金と資本剰余金の合計33億円のほとんどは，上場申請前5事業年度の間に8回行われたベンチャーキャピタルを中心とする第三者割当増資により調達したもので，これから未処理損失金22億円を控除した約11億円が株主資本となっています。

豆蔵は，システム開発コンサル等を事業内容とするIT企業です。こちらも直前5事業年度で5回の第三者割当増資を行い約10億円を調達しておりますが，割当先はベンチャーキャピタル以外にも，同社の役員・従業員の多くに割当てをして資金調達しているのが特徴です。同社も6千万円の資本欠損で，差引き9億4千万円が株主資本です。

アドバンスト・メディアは，音声認識システムの開発等を行うベンチャー企業です。こちらは直前5事業年度に9回の第三者割当増資ですが，割当先はベンチャーキャピタルの他にトヨタ自動車，加賀電子，富士通等の取引先に多くを割当てています。同社も約21億円の資本欠損があり，これを控除した18億9千万円が株主資本です。

3 売上高・当期純利益・配当

売上高

会社の売上高は，業種，業態や規模の違いにより大きな格差があります。もちろん新規上場会社のなかでも，売上高の水準は会社ごとに大きな開きがありますが，これを上場市場ごとに見ると，市場別に新規上場する会社のおよその傾向がイメージできます。例によって，市場別の新規上場会社の売上高分布の中位値に着目して，(図表46)を見てみましょう。

◆◆ 図表46 市場別売上高規模 ◆◆

(単位：百万円)

		既存市場	ジャスダック	マザーズ	ヘラクレス他
平成16年	社数	25社	71社	56社	23社
	平均値	114,369	12,031	4,039	4,369
	中位値	64,268	6,868	1,736	2,851
	最大値	569,854 (電源開発)	71,835 (クリエイトエス・ディー)	59,413 (コスモス薬品)	16,135 (やすらぎ) ※セ
	最小値	5,796 (クラウディア) ※大Ⅱ	1,542 (ウェルネット)	226 (そーせい)	186 (アルファ・トレンド) ※A
平成17年 上半期	社数	6社	36社	12社	21社
	平均値	210,962	14,895	3,851	1,894
	中位値	38,739	10,310	1,563	2,013
	最大値	906,687 (博報堂DYホールディングス)	152,001 (ジュピターテレコム)	25,083 (リンク・セオリー・ホールディングス)	6,499 (IRIユビテック)
	最小値	6,569 (カブドットコム証券)	2,010 (ホロン)	216 (ドリームバイザー・ドット・コム)	0 (メディシノバ・インク)

※大Ⅱは大証第二部，※Aはアンビシャス，※セはセントレックス上場

第三章　会社の素顔・経営成績編（経営財務指標）

　これによれば，既存市場に新規上場する会社の売上高はおおむね500億円，ジャスダックは100億円，マザーズは15億円，ヘラクレスは20億円と見ることができ，その水準を中心としてその前後に多くの会社が分布をしているというのが実態です。この金額は，（図表40）に掲げた市場別総資産の中位値の金額とほぼ匹敵するか，やや高めの水準といえるものです。

　売上高は，その会社の規模を表す指標である一方，利益の源泉の指標でもあります。しかし，新興企業向け市場の上場基準の多くは，上場申請直前期の利益計上の実績がなくとも申請を受け付けることとしています。

　このため，平成17年上半期にヘラクレスに上場したメディシノバ・インクのように，利益の源泉である売上高が計上されていなくとも上場することができるのです(注)。同社は2000年9月にアメリカで設立された，従業員16名の創薬系バイオベンチャーの外国会社です。

　（図表47）は平成8年から平成17年上半期までの約10年間における，新規上場会社の売上高の最大・最小をランキングしたものです。これを見ると，新興企業向け市場で最小値にランクアップされている各社の売上高は，いずれも5億円未満ですが，売上高がゼロというのはメディシノバ・インクのみです。

　また，既存市場の最小値にランクされている会社に，東証上場の会社が登場してこないことについては，上場基準の違いも影響しているものと思われます。東証の市場第一部・第二部上場基準では申請直前期の利益が4億円以上必要とされていますが，その利益をあげるためには相応の規模の売上高が必要となります。これに対し大証と名証では，利益は1億円以上あればよいことになっており，結果としてこれが売上高の水準にも影響していることになります。

（注）　メディシノバ・インクのケースは，ヘラクレスの上場基準のなかで，利益，売上ともに申請直前期までに計上される必要のないスタンダード基準の適用を受けています。
　　　これに対し，マザーズの上場基準では，幹事証券会社が申請会社の成長性評価の対象とした事業の売上高が，上場申請日の前日までに計上されることが必要です。
　　　また，ジャスダックの上場基準は，申請直前期に当期純利益の額が正の値であること，もしくは経常利益5億円以上を求めていますが，上場日の時価総額が50億円以上になるときは，利益計上の必要はないものとされています。

◆〉 図表 47　過去 10 年間の売上高最大・最小値ランキング 〈◆

(平成 8 年～17 年上期)

市　場		No	会　社　名	上場年	売上高
最大値	既存市場	1	NTT 移動通信網	平成 年 10	百万円 2,626,119
		2	電通	13	1,814,309
		3	太陽生命保険	15	1,603,506
	ジャスダック	1	日本マクドナルド	13	357,886
		2	武富士	8	246,851
		3	サンミック千代田	8	246,021
	マザーズ	1	カルチュア・コンビニエンス・クラブ	12	64,058
		2	WOWOW	13	62,861
		3	コスモス薬品	16	59,413
	ヘラクレス他	1	アイ・ティー・エックス	13	261,897
		2	近鉄エクスプレス	12	162,778
		3	パソナ	13	108,031
最小値	既存市場	1	テスク　※名Ⅱ	14	1,698
		2	トーセ　※大Ⅱ	11	1,913
		3	NITTOH　※名Ⅱ	12	2,096
	ジャスダック	1	ヤフー	9	413
		2	サイバード	12	421
		3	ジャストプランニング	13	466
	マザーズ	1	リキッドオーディオジャパン	11	52
		2	メディビック	15	112
		3	トランスジェニック	14	193
	ヘラクレス他	1	メディシノバ・インク	17	0
		2	まぐクリック	12	50
		3	おりこんダイレクトデジタル	12	128

※大Ⅱは大証第二部、※名Ⅱは名証第二部上場

次に最大値では,既存市場に上場したNTT移動通信網,電通,太陽生命保険の3社の売上高が,1兆円をはるかに超える規模でランクアップされています。この3社はいずれも東証の市場第一部に直接上場をしています。東証,大証,名証の上場基準では,新規上場会社は市場第二部に上場するのが原則ですが,一定の規模以上の会社は市場第二部を経由せずに直接市場第一部に上場できる特例があり,この3社にはこの特例が適用されています。

当期純利益

売上高の次は,当期純利益について見てみましょう。(図表48)の当期純利益の集計における中位値を見ると,当期純利益の分布の中心は既存市場では15億円,ジャスダックは2億5千万円,マザーズとヘラクレスでは1億円というところです。最大値については,平成16年は新生銀行の530億円,17年上期は博報堂DYホールディングスの71億円です。

当期純利益の10年間の最大値ランキング(図表49)で見ると,第1位は売上高ランキングでも第1位であったNTT移動通信網の1,200億円で,新生銀行は第2位にランクをされます。

当期純利益の最小値はマイナスの値,すなわち当期純損失の各社が並びます。前に売上高のところで,東証の市場第一部・第二部上場基準では申請直前期の利益が4億円以上必要,と書きました。ところが,(図表48)では平成16年の既存市場の最小値は,エルピーダメモリの当期純損失268億円となっており,同社は東証第一部への上場です。この他にも(図表49)の過去10年間ランキングを見ると,当期純損失184億円で最小値既存市場第2位にランクをされているセイコーエプソンも東証市場第一部に上場しています。

つまり,これらの会社については上場審査基準における大規模特例があるのです。この場合の特例は,上場時の時価総額が1,000億円以上となる見込みがあり,かつ,最近1年間の売上高が100億円以上ある申請会社には利益額の基準は適用しない,というものです。

ジャスダックにも,同じように純利益基準に関する大規模特例があることは,

◆◇ 図表48　市場別当期純利益規模 ◇◆

(単位：百万円)

		既存市場	ジャスダック	マザーズ	ヘラクレス他
平成16年	社　数	25社	71社	56社	23社
	平均値	4,915	415	142	316
	中位値	1,184	265	83	105
	最大値	53,030 （新生銀行）	2,190 （イー・トレード証券）	1,853 （日本ケアサプライ）	1,770 （賃貸住宅ニュース）
	最小値	−26,865 （エルピーダメモリ）	−355 （ジェイ・エー・エー）	−912 （そーせい）	6 （ジェイエムネット） ※Q
平成17年上半期	社　数	6社	36社	12社	21社
	平均値	3,023	364	−22	64
	中位値	1,873	228	81	90
	最大値	7,114 （博報堂DYホールディングス）	2,203 （ナルミヤ・インターナショナル）	471 （シンプレクス・インベスティメント・アドバイザーズ）	583 （ゼンケンオール）
	最小値	806 （大和システム）	22 （ウィズ）	−1,893 （リンク・セオリー・ホールディングス）	−807 （日本通信）

※QはQ-Board上場

　87ページの（注）でもご紹介したとおりです。この適用を受けて（図表49）の10年間におけるジャスダック最小値にランクされた，日本フィッツ，ジェイ・エー・エー，サイバードの3社は，ともに当期純損失の計上での上場です。

　マザーズなどの新興企業向け市場では，上場基準において利益計上の実績は問わないとしていることについては，既に述べたとおりです。（図表50）は，最近の新規上場会社のうち当期純損失を計上した会社のリストです。平成16年では7社，17年上期では4社が当期純損失を計上していることがわかります。

　このなかで，平成16年マザーズ上場の新華ファイナンス・リミテッドは，

第三章　会社の素顔・経営成績編（経営財務指標）

◆◇ 図表49　過去10年間の純利益額最大・最小値ランキング ◇◆

（平成8年～17年上半期）

	市　場	No	会　社　名	上場年	純利益額
				平成　年	百万円
最大値	既存市場	1	NTT移動通信網	10	120,627
		2	新生銀行	16	53,030
		3	信金中央金庫	12	41,507
	ジャスダック	1	武富士	8	46,832
		2	アルゼ	11	27,016
		3	アイフル	9	22,805
	マザーズ	1	WOWOW	13	6,460
		2	日本ケアサプライ	16	1,853
		3	コスモス薬品	16	947
	ヘラクレス他	1	ソフトバンク・インベスティメント	12	2,494
		2	クリエイションカード情報システム	13	2,346
		3	近鉄エクスプレス	12	2,241
最小値	既存市場	1	エルピーダメモリ	16	－26,865
		2	セイコーエプソン	15	－18,431
		3	NITTOH　※名Ⅱ	12	75
	ジャスダック	1	日本フィッツ	13	－969
		2	ジェイ・エー・エー	16	－355
		3	サイバード	12	－133
	マザーズ	1	スカイパーフェクト・コミュニケーションズ	12	－24,255
		2	イー・アクセス	15	－5,578
		3	スカイマークエアラインズ	12	－4,258
	ヘラクレス他	1	有線ブロードネットワークス	13	－18,146
		2	パソナ	13	－6,849
		3	日本通信	17	－807

※名Ⅱは名証第二部上場

◆ 図表50 当期純損失の新規上場会社 ◆

(平成16年, 17年上半期) 単位：百万円

上場年	社　名	市　場	純損失額	経常利益	売上高
16年	エルピーダメモリ	東証一部	−26,865	−25,460	100,441
	そーせい	マザーズ	−912	−947	226
	新華ファイナンス・リミテッド	マザーズ	−466	−467	1,729
	ジェイ・エー・エー	ジャスダック	−355	871	7,081
	新日本科学	マザーズ	−222	137	9,550
	京王ズ	マザーズ	−132	−166	5,904
	メディアエクスチェンジ	マザーズ	−19	−15	1,649
17年上半期	リンク・セオリー・ホールディングス	マザーズ	−1,893	2,262	25,083
	日本通信	ヘラクレス	−807	−600	5,590
	メディシノバ・インク	ヘラクレス	−688	−694	0
	イーコンテクスト	ヘラクレス	−122	−119	546

香港に本社を置いて世界各地に計575人の従業員を配し，中国金融市場を中心とする金融情報サービスを提供する外国会社です。

　また，損益計算書の経常利益段階では利益計上でありながら，特別損失の計上等により当期純損失となった会社は，平成16年ではジェイ・エー・エー，新日本科学，平成17年上期ではリンク・セオリー・ホールディングスの3社があります。

　ジェイ・エー・エーは8億7千万円の経常利益に対し，14億円の有価証券評価損の計上により当期純損失となっています。

　新日本科学は特別損失が原因ではなく，経常利益1億4千万円，税引前当期純利益1億6千万円に対し，法人税等の3億8千万円を控除した結果の当期純損失の計上です。

　リンク・セオリー・ホールディングスは22億6千万円の経常利益に対し，アメリカ会社の買収に伴う営業権51億円の一括償却が当期純損失の主な原因となっています。

第三章　会社の素顔・経営成績編（経営財務指標）

投資単位とは

　株価は通常1株の値段で表示されます。例えば，平成17年9月末現在の終値で新日本製鐵は426円，東京電力は2,870円，NTTは558,000円など，新聞等に掲載されているこれらの株価は1株の値段です。

　このように，1株の値段が会社によって二桁も三桁も違ってくるのは，会社の規模などに応じて発行する株式数が，会社ごとに大きく異なっているからに他なりません。つまり，新日本製鐵が発行している株式数は，NTTよりも相対的に多いのです。それも，約1,000倍も多いといえるほどです。かつて，同社の1株の額面金額が50円，東京電力は500円であり，これに対してNTTの1株の額面金額が5万円であった当時の名残といえるでしょう。

　このような事情を踏まえて，証券取引所における株式の売買は銘柄ごとに最低売買単位が決められています。すなわち，新日本製鐵の最低売買単位は1,000株，東京電力は100株，NTTは1株という具合です。

　この最低売買単位は，商法の単元株制度(注)を採用している会社は，会社が定めた1単元の株式数，単元株制度を採用していない会社については1株とされています。現在，1単元の株式数は，1,000株とする会社が最も多くなっています。

　最低売買単位は1投資単位ともいわれており，各証券取引所では，多くの個人投資家が少額の資金でも株式投資を行えるようにするため，上場会社に1投資単位当たりの株価が50万円未満となるよう，株式分割又は1単元の株式の数を引き下げることを要請しています。

　ここに例として掲げた3社の1投資単位当たりの価格は，新日本製鐵は426円×1,000株＝42万6千円，東京電力は28万7千円，NTTは55万8千円となります。

（注）　単元株制度とは，定款により一定数の株式を1単元の株式と定め，1単元の株式について1個の議決権を認めるものです。平成13年10月施行の商法改正により導入されたもので，その主旨は単元未満株主の議決権行使を排除することにより，株主管理費用の節減をはかることにあります。

投資単位当たり純利益

その会社の株価の高安を判断する指標として，最も代表的なものの一つに株価収益率（PER：Price Earning Ratio）があります。当期純利益を発行済み株式数で割って求めた1株当たり当期純利益に対し，株価がその何倍となっているかを表しているのがPERです。

そこで，例えば新日本製鐵の1株当たり当期純利益が32.7円であれば，PERは426円÷32.7円＝13.0倍となります。NTTの1株当たり純利益が4万5千900円ならば，PERは55万8千円÷4万5千900円＝12.2倍です。平成17年9月末現在，東証全上場会社の平均株価は440円，1株当たり純利益は16.6円ですから，PERは440÷16.6＝26.5倍です。東証全上場会社の平均PERの26.5倍に比べて，まだ13倍までしか買われていない新日本製鐵の株価はPERだけでみれば割安といえる，という風に使います。

1株当たり当期純利益に，最低投資単位を乗ずると1投資単位当たり当期純利益となり，発行済み株式数の多寡に影響されずに各社の利益を比較することができます。平成17年3月期の連結決算数値によれば，新日本製鐵の1投資単位当たり当期純利益は，32.7円×1,000＝3万2千700円，東京電力は167円×100＝1万6千700円，NTTは4万5千900円×1＝4万5千900円となります。

さて，ここで本題に入ります。

最近の新規上場会社の1投資単位当たり当期純利益は，どの位なのでしょうか？

（図表51）は，最近の新規上場会社の1投資単位当たり当期純利益の分布状況です。なお，当期純利益は上場申請直前期のものですから，それ以後，目論見書交付までに株式分割や株式併合により発行済み株式数が変更されている場合には，変更後の発行済み株式数にあわせて1株当たり利益を遡及修正しています。これを見ると，1万円刻みのレンジでもっとも社数が集中しているのが，0〜1万円のゾーンです。そして，分布の中位数は1万円台の前半というところでしょうか。

第三章 会社の素顔・経営成績編（経営財務指標）

◆◇ 図表51　1投資単位当たり当期純利益の分布状況 ◇◆

（平成16年，17年上半期）

1投資単位当たり 当期純利益		平成16年		平成17年上半期	
万円　万円未満		会社数	比率	会社数	比率
		社	％	社	％
マイナス		7	4.0	4	5.3
0 ～	1	67	38.3	32	42.7
1 ～	2	42	24.0	18	24.0
2 ～	3	21	12.0	9	12.0
3 ～	4	14	8.0	6	8.0
4 ～	5	6	3.4	3	4.0
5 ～	6	9	5.1	1	1.3
6 ～	7	6	3.4	2	2.7
7 ～	8	1	0.6		
8 ～	9	1	0.6		
9 ～	10	1	0.6		
10万円以上					
合　計		175	100.0	75	100.0

1投資単位当たり当期純利益分布

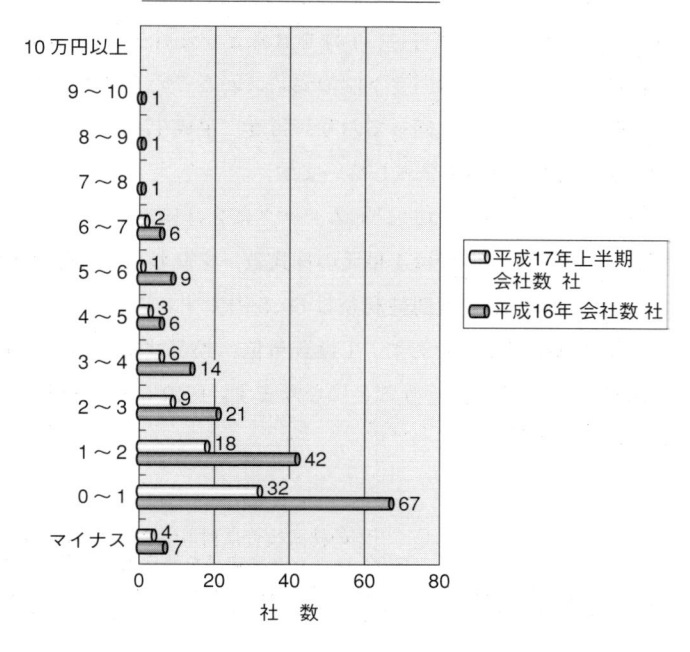

◆◇ 図表52　1投資単位当たり当期純利益最大値3社 ◇◆

上場年	社名	市場	1投資単位当たり当期純利益
16年	船井財産コンサルタンツ	マザーズ	95,733円
16年	ワイズマン	ジャスダック	83,818
16年	東日本ガス	東証	72,400
17年上半期	ハビックス	ジャスダック	69,490
17年上半期	トーエル	ジャスダック	63,130
17年上半期	極東証券	東証	59,590

　(図表52) は，1投資単位当たり当期純利益が大きい会社のリストです。平成16年では，7月にマザーズに上場した船井財産コンサルタンツの1投資単位当たり当期純利益が，95,733円でトップです。同社の1投資単位は1株です。公開価格は186万円ですのでPERは19.4倍でしたが，上場初値は376万円とPER39.3倍まで買われました。同社は上場後，最初に迎えた決算期の平成16年12月末を基準日に，1株を3株とする株式分割を行い，東証からの1投資単位当たり株価の引き下げの要請に応えています。しかし，分割後も株価は100万円を大きく上回っており，再度，平成17年10月末を基準日に1株を2株とする株式分割を発表しています。

　平成17年上半期では，ジャスダックに2月に上場したハビックスが69,490円で第1位です。同社は1単元の株式数，すなわち最低売買単位は1,000株ですので，1株当たり当期純利益は69.5円です。これに対し，公開価格600円，上場初値931円でしたので，1投資単位に換算すると，公開価格60万円，上場初値93万1千円ということになります。PERはそれぞれ8.6倍，13.4倍という数字です[注]。

(注)　PERを投資尺度として実際の株式投資に利用する場合には，実績値の1株当たり当期純利益ではなく，予想1株当たり純利益を使うことが多いので注意が必要です。上場前に決算短信により予想当期純利益が公表されている場合には，こちらの数字を使って投資判断をすべきでしょう。

第三章　会社の素顔・経営成績編（経営財務指標）

未公開会社でも配当はある

会社は，株式を一般に公開していなくとも株主に配当を実施しているのでしょうか？

（図表53）は，上場申請直前期における配当実施会社を，市場別に平成14

◆ 図表53　市場別配当実施会社 ◆

（平成14年～17年上半期）

平成 市場	14年		15年		16年		17年上半期	
	社数	率	社数	率	社数	率	社数	率
	社	％	社	％	社	％	社	％
既存市場	22	91.7	18	90.0	24	96.0	5	83.3
ジャスダック	53	77.9	52	83.9	58	81.7	27	75.0
マザーズ	1	12.5	6	19.4	10	17.9	1	8.3
ヘラクレス他	8	33.3	3	42.9	7	30.4	7	33.3
合　計	84	67.7	79	65.3	99	56.6	40	53.3

市場別配当実施新規上場会社割合

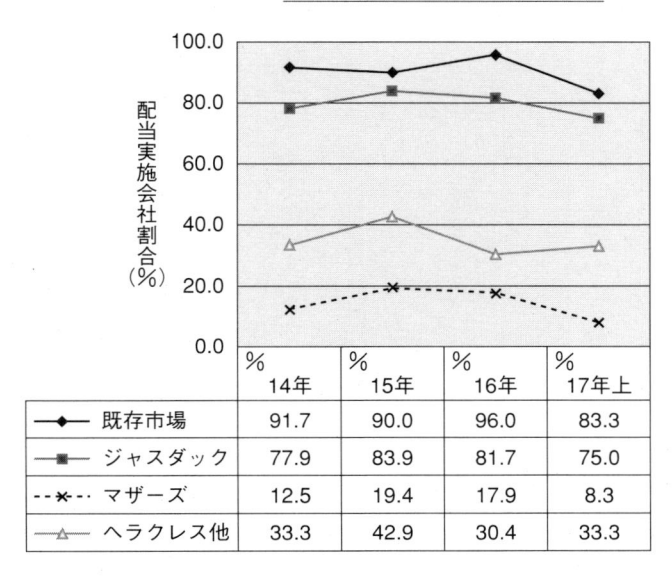

	％ 14年	％ 15年	％ 16年	％ 17年上
──◆── 既存市場	91.7	90.0	96.0	83.3
──■── ジャスダック	77.9	83.9	81.7	75.0
--✕-- マザーズ	12.5	19.4	17.9	8.3
──△── ヘラクレス他	33.3	42.9	30.4	33.3

年から集計したものです。これを見ると，新規上場会社の半数以上が配当を実施していることがわかりますが，配当実施会社の割合は市場毎に際立った特徴を示しています。

　すなわち，既存市場では約9割の会社が，ジャスダックでは約8割の会社が配当を実施しているのに対し，ヘラクレス等では約3割，そしてマザーズでは約1割の会社しか配当をしておりません。そして，この割合は平成14年以降の4年間で見る限り，いつでも概ね一定のように見受けられます。成長性を重視する新興企業向け市場に上場する会社と，実績を重視する既存市場及びジャスダックに上場する会社のタイプの違いが，利益配分に対する違いとしてこの数字に如実に表れているようです。

第四章

株とお金編
（資本政策・新規公開株）

第四章　株とお金編（資本政策・新規公開株）

> 　上場会社になると，自社の発行する株式が多くの投資家の投資対象となりますが，投資家のすべてが経営陣に友好的とは限りません。予期せぬ株式争奪戦などに備えて，株主・株価の対策などに各社は上場前の段階でどのようなことをしてきたのでしょうか。
> 　また，値上り確実といわれる新規公開株の値段の疑問や，新規公開株で集めたお金の金額など，この章では株とお金にまつわる事柄に焦点をあてて，データを読み解きます。

1 資本政策

資本政策って何？

　株式公開を目指す上での資本政策とは，株式公開後の株主構成や資本市場からの資金調達の計画を見越して，株式公開前の段階で株式移動や増資などにより株主構成の是正や資金調達を行うことをいいます。

　株主構成をどうするかは経営権の安定に係わる問題です。また，資金調達は，財務戦略そのものの問題です。ともに経営上大変に重要な問題であり，そして一旦，株式の移動や増資を行うとそれを元に戻すことは困難ですが，また一方で，公開会社となった後では実行できないことも少なからずあります。このようなことから，資本政策はいろいろな角度から検討して慎重に進めていくべき，とされています。

　資本政策を実行に移すときに考えておかねばならないポイントとしては，次のようなことが挙げられます。

① **上場審査基準のクリアー**

　各証券取引所の上場審査基準には，上場時の発行済株式数に占める少数特定者の持株比率(注)が一定比率以下であることや，役員と主要株主を除く株主の持株比率が一定比率以上であることなどが定められています。これらの基準は，適正な株価形成のためには実質的に市場で流通する株式の数量が，一定量以上

必要であるとの考え方に基づくもので，通常は上場に際しての公募・売出しで基準を充足することになります。

資本政策は，上場に際しての公募・売出しで上場審査基準を充足できる範囲内で実施することが前提となります。

② **上場前の第三者割当等の規制**

上場後に市場で形成される株価は，上場前の段階での取引に使われる株価よりも高くなるのが通常です。そこで，上場直前に未公開株を入手し，上場後にこれを売却すれば短期間で利益を得ることができます。

証券取引所では，このように特定の者が短期間で利益を得るのを抑制する意味で，申請直前期末の1年前から上場承認日までの間に，第三者割当増資や新株予約権を付与したときは，取得者は原則として上場後6ヶ月間は取得した株式等を継続して所有することを確約することが求められています。

また，申請直前期末の2年前からの第三者割当増資や特別利害関係者の株式移動については，取得者名や取引株価等の情報を公開することが必要とされています。

資本政策はこれらの規制を念頭に置いて実施しなければなりません。

③ **株式の譲渡制限**

非公開会社は一般的には株主の人数も少ないことから，株主一人一人の会社に対する影響力が強いものとなります。そのため，株主と取締役との関係が悪くなったり，大株主に相続があったりすると何かと問題が発生しかねません。そこで，株式を譲渡するには取締役会の承認を得る，という取り決めをすることが商法上認められています。これによって，取締役の誰もが知らない人が突然株主となって現われたり，あるいは株式の分散が進み思うとおりの資本政策

(注) 大株主上位10名及び特別利害関係者（役員，その配偶者及び二親等内の血族，またそれらの者によって発行済株式総数等の過半数が所有されている会社，並びに新規上場申請会社の関係会社及びその役員）が所有する株式の総数に新規上場申請者が所有する自己株式数を加えた株式数の，上場株式数に占める割合をいいます。いわば市場で流通する可能性の低い株式数の割合で，東証の場合はこの比率を75％以下とすることが定められています。

が実行しずらくなることを防ぐことができます。

　株式の譲渡制限を定めた場合，株主は株式を譲渡したいときは取締役会に譲渡の承認を求めなくてはなりません。取締役会はその譲渡を承認しないこともできますが，株主が自分の財産（株式）を処分する自由を奪うことはできませんから，承認しない場合は譲渡の相手方を指定しなければなりません。実際には取締役や他の株主を譲渡の相手方として指定することになるでしょう。

　しかし一方で，上場の条件として株式の譲渡制限が付されていないことが証券取引所の上場審査基準に定められていますので，上場申請前には定款を変更し，株券も譲渡制限を削除したものに差し替えることが必要です。そこで，株主の正確な把握と資本政策の円滑な実施などのために，通常は上場申請ぎりぎりの時まで譲渡制限を付している会社が多いようです。

④　創業者利得

　創業者など株式公開前からの大株主は，上場時の株式売出しや上場初値決定時のいわゆる「冷やし玉」(注)の放出などにより，創業者利得を実現することができます。

　上場時に，この創業者利得をどのくらい実現するかは，放出する株式数とそのときの株価により決まりますので，資本政策もこれを考慮に入れておくべきでしょう。そのためには，創業者の持株比率と株価の双方に影響する発行済株式数をどうするかの検討が欠かせないことになります。

⑤　株　主　構　成

　上場後は多くの個人投資家や機関投資家などが株主となってきます。また，上場前に比べて株価も高くなっています。そこで，上場後にどのような株主構

（注）　新規上場時に，買い注文が殺到してなかなか初値が付かない事態に備えて，あらかじめ大株主からまとまった株数を市場に放出することを約束させておいた株式で「値付け玉」とも言います。
　　　かつては，証券取引所の制度として新規上場会社に売り委託同意株を用意することが課せられておりこれを冷やし玉と呼んでいましたが，オーバーアロットメントの導入により廃止をされました。
　　　現在では，冷やし玉を用意するかどうかは主幹事証券会社・新規上場会社・大株主の調整に委ねられています。

成とするかを想定し，経営権の確保，安定株主，事業承継，役員・従業員へのインセンティブ，取引先との関係などを考慮したうえで，上場前のどの段階でどのような株主構成としておくかを検討することになります。

資本政策とは以上のようなポイントを踏まえ，上場後の株主構成に至る道筋をつけることに他なりません。

さらに，もう少し広い意味で資本政策を捉えると，貸借対照表の資本の部の構成をどのような姿にするのか，というところまで含めて考えることになります。この場合には，会社の財務戦略の問題となり，資本政策として考慮するポイントはさらに広がってくることになります。上場後の株価の問題や，決算対策などを視野に入れて対応することが必要となってくるでしょう。

上場間近の資本政策

分散している株式を経営者に集めたり，創業者の子息などの事業承継者の持株比率を高めるなどの手段として，贈与あるいは売買により株式移動が行われることがあります。

役員とその配偶者及び二親等内の血族などを特別利害関係者と呼びますが，申請直前期末の2年前からの特別利害関係者の株式移動については，株価の算定方法や移動株式数等の情報を公開することが義務付けられています。しかし，株式移動そのものについての制限や継続保有などの規制はありません。

株式移動にあたっては，株式を手放す側と取得する側の双方にとって株価と税金の問題を無視することができません。移動する時期によって，理論株価算定根拠となる財務数値が異なってきますので，移動する時期とその株価について慎重な検討が必要となります。

このような株主間の株式移動は，株主構成是正の手段としては直接的で極めて効果的ですが，これはあくまで株主同士の取引で会社との取引ではありません。

それでは会社が係わる上場前の資本政策の方法として，しかも財務戦略に関する内容まで含めると，実際にはどのようなものが実施されているのでしょう

第四章　株とお金編（資本政策・新規公開株）

か。

このような観点から，平成16年新規上場会社の例をまとめたものが（図表54）です。これによれば，株式分割，ストックオプションの決議，新株予約権の権利行使，第三者割当増資の四つの方法が上場間近の時期に多用されていることがわかります。このなかで，特に株式分割は上場日が近づくほどこれを実施する会社の数が増えており，申請期には新規上場会社の45％に相当する79

◆◇ **図表54　上場直前の資本政策実施状況（平成16年）** ◇◆

No	資本政策の実施方法	前々期	直前期	申請期
		社	社	社
1	株式分割	15	32	79
2	ストックオプションの決議	32	56	39
3	新株予約権の権利行使	10	17	26
4	第三者割当増資	46	60	22
5	欠損填補	5	4	3
6	株式併合	2	1	3
7	転換社債の転換	1		3
8	合併	12	4	1
9	株式交換	2	3	1
10	自己株式の取得決議		6	1
11	配当可能利益の資本組入れ			1
12	新株予約権付社債の発行	13		
13	有償株主割当増資	9	2	
14	設立	7		
15	資本準備金のその他資本剰余金への振替	1	2	
16	資本準備金の資本組入れ	1	1	
17	利益処分の資本組入れ	1		
18	分割承継	1		
19	一般募集	1		
20	減資		1	

社が実施をしています。これには，何か理由があるのでしょうか？

株式分割は使いよう

　株式分割は，既存の株主の保有割合に応じて新株式を割り当てるもので，株主構成を変えずに発行済み株式数を増加することができます。この方法は既存の株主からの払込はありませんので，株主に負担をかけることはありません。

　また，株式分割は発行済み株式数を増加させるのみならず，同業他社との比較などにおける株価や，1株当たりの指標を調整する手段としても使われます。つまり株式公開時の株価に影響するのは，利益，純資産などの1株当たりの指標ですが，利益や純資産はその時点まで不確定ですので，上場が承認されることになる時期になるべく近いところで株式分割を行い，1株当たりの指標を調整するなどで利用されていると考えられます。

　株式が一般投資家の売買の対象とされていない非公開会社のなかには，発行済み株式数が少なく，そのため1株当たりの純利益・純資産が相当大きな数字となる会社も存在します。たとえば，平成16年上場会社の直前期の1株当たり当期純利益を見ると，ジャスダック上場のシーシーエスは34万円，チェルトは30万円です。この2社を含め，1株当たり当期純利益6ケタ台の金額の会社が合計8社あります。このまま上場すれば，1投資単位当たりの株価は7ケタ台となる可能性が極めて高くなりますので，この8社はすべて申請直前期末後に株式分割を実施しています。ちなみにシーシーエスは1株を10株に，チェルトは1株を1,000株とする株式分割です。

　(図表55)は，上場申請期に株式分割を行った79社の分割比率がどのくらいであったのかを集計したものです。これによれば，分割比率は1株を2株に分割した会社が21社と最も多く，次いで3株とした会社が18社，10株とした会社が15社と続き，分割比率も比較的大幅であることがわかります。

　また，上場申請期の株式分割は，単元株制度を導入していない会社（投資単位が1株の会社）のみならず，単元株制度を導入した会社の多くも行っています。(図表56)によれば，単元株制度を導入していない会社108社のうち，申

第四章　株とお金編（資本政策・新規公開株）

◆◇ 図表 55　上場申請期の株式分割の状況（平成 16 年）◇◆

分割比率	社数
1 株　→　1.2 株	1
1 株　→　1.5 株	1
1 株　→　2 株	21
1 株　→　3 株	18
1 株　→　4 株	4
1 株　→　5 株	4
1 株　→　8 株	1
1 株　→　10 株	15
1 株　→　12 株	1
1 株　→　15 株	5
1 株　→　20 株	2
1 株　→　30 株	1
1 株　→　40 株	1
1 株　→　50 株	1
1 株　→　1,000 株	3
計	79

◆◇ 図表 56　単元株制度導入会社数と上場申請期株式分割実施社数（平成 16 年）◇◆

		既存市場	ジャスダック	マザーズ	ヘラクレス他	合計
単元株制度未導入		社 3（ 1）	社 35（11）	社 51（19）	社 19（12）	社 108（43）
単元株制度導入済み	10 株	—	—	1（—）	—	1（—）
	100 株	18（ 7）	28（19）	4（ 3）	4（ 2）	54（31）
	1,000 株	4（ 2）	8（ 3）	—	—	12（ 5）
	小計	22（ 9）	36（22）	5（ 3）	4（ 2）	67（36）
合計		25（10）	71（33）	56（22）	23（14）	175（79）

（注）（　）内の社数は上場申請期株式分割実施社数で内数

請期株式分割実施会社は43社で，株式分割の実施比率は39.8%です。これに対し，単元株制度を導入した会社67社のうち株式分割実施会社は36社で，株式分割実施率は53.7%と，むしろこちらの方の実施率が高くなっています。

　分割により発行済み株式数を増やし，株価を引き下げるとともに，上場後に再分割等を行った場合に生ずる単元未満株主の議決権行使をあらかじめ排除しておき，株主管理費用の節減をはかろうということでしょうか。大量分割を行った例で紹介をしたチェルトも，100株を1投資単位とする単元株制度を導入しています。

　このように，株式分割は上場前にあらかじめ発行済み株式数を増加させ，上場時の株価を低く抑える方法として行われることが多く，それを実施する時期は上場がある程度具体的となってきた上場申請期とするのが一般的なスタイルであると言えそうです。

単元株制度と株式併合

　（図表57）のとおり，新規上場会社のうち単元株制度を導入している会社は，既存市場では25社のうち22社で導入率は88.0%，ジャスダックでは50.7%です。これに対し，マザーズでは8.9%，ヘラクレス他では17.4%となっており，新興企業向け市場の導入率が低くなっています。

　このことは，既存市場に上場する会社の多くは発行済み株式数が多く，100株あるいは1,000株など複数の株式をまとめて1投資単位として取引されることを選択し，上場後は3桁から4桁の株価を想定していると考えることができ

◆ 図表57　市場別単元株制度導入会社比率（平成16年）◆

	既存市場	ジャスダック	マザーズ	ヘラクレス他	合計
新規上場会社	社 25	社 71	社 56	社 23	社 175
うち単元株制度導入会社	22	36	5	4	67
単元株制度導入比率	% 88.0	% 50.7	% 8.9	% 17.4	% 38.3

ます。一方，新興企業向け市場に上場する会社の多くは1株単位で株式が取引されることを前提に，株価も5桁から7桁を想定していると言うことができるでしょう。

単元株制度は，複数の株式をまとめて1投資単位とするという意味では株式併合と似ていますが，株式併合と違い株価が変化するわけではありません。株価は1株当たりの値段で表示をされますので，発行済株式数には何の影響も及ぼさない単元株制度を導入しても，株価形成の基礎となる1株当たり純利益・純資産・配当などの数値の算出には何ら変更は生じず，株価にも影響は出てこないことになります。

これに対し株式併合は，株式分割と正反対の目的で行われ，複数の株式をまとめて1株とすることで，発行済み株式数を減らして1株当たり指標を高くすることに通じ，株価を高くする効果があります。例えば，株価が1,000円の会社の株式2株を1株に併合すれば，理論株価は1株が2倍の2,000円となります。その上で，1単元を100株とする単元株制度を導入すると，この会社の株式への1投資単位当たり金額は20万円となる，という関係です。

（図表54）のNo.6によれば，平成16年新規上場会社のうち株式併合を実施した会社は，前々期の実施が2社，直前期が1社，申請期が3社と合計6社あります。これらの6社とは，がんこ炎，エキサイト，イートレード証券，東誠不動産，かわでん，新生銀行の各社で，東証第一部に上場した新生銀行以外はすべてジャスダックへの上場です（図表58）。

このなかで，がんこ炎は平成14年2月に1株を10,000株に株式分割した後，同年9月に2株を1株に株式併合しました。そして申請期の平成16年1月に，再度，1株を1.5株に分割をしています。なぜ，このように株式併合と株式分割を繰り返したのかはわかりませんが，おそらく複雑な調整を必要とする理由があったのでしょう。

エキサイトは，平成15年1月に10株を1株に併合し，発行済み株式数を23万株から2万3千株に減少させましたが，併せて資本金も42億円から4億2千万円へと38億円の減資を行い，欠損金の填補に充当しています。このよ

◆◇ 図表58　平成16年新規上場会社のうち株式併合実施会社 ◇◆

実施会社	上場市場	併合比率	実施時期
がんこ炎	ジャスダック	2株 → 1株	前々期
エキサイト	ジャスダック	10株 → 1株	前々期
イートレード証券	ジャスダック	1,000株 → 1株	直前期
東誠不動産	ジャスダック	50株 → 1株	申請期
かわでん	ジャスダック	1,000株 → 1株	申請期
新生銀行	東証第一部	2株 → 1株	申請期

うに，減資を伴う株式併合を実施した会社は，ここに掲げた6社のうち同社のみです。

減資と欠損填補

エキサイトは株式併合を行い，発行済み株式数を減らして減資を実施しましたが，東証第一部に上場したエルピーダメモリは，発行済み株式数を減らさずに直前期に減資を行っています。

同社は日本電気と日立製作所の合弁で設立された，我が国を代表する半導体メーカーです。同社は，平成16年11月の上場ですが，上場直前期の平成16年3月に欠損金の一掃を目的として，992億円あった資本金から526億円を取り崩し，資本金を466億円とする減資を実施しました。さらに，上場申請期の同年6月の定時株主総会では，損失処理案として資本準備金292億円を欠損填補のために使用することを決議しており，まさに"きれいな体"となっての上場です。

（図表54）No5の欠損填補の欄には，このような欠損填補のために資本準備金の取崩しを実施して"きれいな体"となって上場した会社数が記載されています。このなかで，申請期の3社とは292億円を取崩したエルピーダメモリ以外には，マザーズ上場のゴルフダイジェスト・オンライン，ヘラクレス上場のエイチ・エス証券で，それぞれ1億円，9億6千万円の資本準備金の取崩しを実施してリストアップされましたが，この両社は減資にまでは至っておりませ

ん。

非上場会社が公募増資？

　日本証券業協会の「店頭有価証券に関する規則」（公正慣習規則第1号）には，上場されていない日本企業の株券等については，証券会社（協会員）は顧客に投資勧誘を行ってはならない，とされています。このため非上場会社は，上場に際しての公募増資，売出し以外には証券会社に株式の販売をさせることができないため，非上場のままでは公募増資を行うことは実質的には不可能です。

　それでは，（図表54）No 19欄に記載のある「一般募集」，すなわち公募増資を前々期に行った1社は，どのようにして自社の株式を販売したのでしょうか？

　この会社とは，平成16年3月に札幌証券取引所アンビシャスに上場したアルファ・トレンドです。同社は，それまで発行済み株式数700株であったところ，平成14年4月に532株を発行価格12万円で公募増資をして，6千4百万円を調達しています。実は，同社が証券会社を使って一般募集で資金調達ができたのは，同社がグリーンシート銘柄であったからに他なりません。この時の一般募集の取扱証券会社は，ディー・ブレイン証券と東洋証券です。

　このあと，グリーンシート銘柄の証券取引所への上場には，平成17年10月5日に東証マザーズに上場した，エイジアがあります。同社もグリーンシート銘柄であった時に証券会社を使って二度の一般募集を行っています。

　グリーンシート銘柄は，先ほど紹介した日本証券業協会による非上場銘柄への投資勧誘を禁止する規則の適用除外とされており，当該銘柄の取扱証券会社と準取扱証券会社として届出をした証券会社に限り，顧客に投資勧誘を行うことができることになっています。

　グリーンシート銘柄とは，証券取引所に上場していない未公開会社のなかで，公開会社並みのディスクロージャーを行う会社について，その会社が発行する有価証券を証券会社が日本証券業協会に届出を行った上で継続的に売り・買いの気配を提示する銘柄をいいます。

日本証券業協会では，売り・買いの気配及び売買の内容について取扱証券会社から報告を受け，これらを同協会のWEBサイト及び紙媒体で公表しています。サイトも紙も，地色はグリーンです。この公表媒体が「グリーンシート」であることが，グリーンシートの名称のゆえんです。制度の詳細は日本証券業協会の「グリーンシート銘柄に関する規則」（公正慣習規則第2号）に定められています。

　ところで，上場されていない日本企業の株券等については，証券会社は顧客に投資勧誘を行ってはならないのが原則とされていますが，それでは上場されていない外国企業の株券等はどうなのでしょう。BRICs（ブラジル，ロシア，インド，中国）企業が発行するADRを，どこかの証券会社で勧められたような覚えはありませんか？

　そうなのです。我が国の証券取引所に上場していない外国企業の発行する有価証券の一般募集は，禁止をされていないのです。外国企業が日本の証券取引所に上場せずに，日本の投資家向けに公募増資を行うことをPOWL（Public Offering Without Listing）と呼ぶことがありますが，最近このような例がアジアの企業を中心に増えているといわれています。証券取引所の今後の対抗策やいかに，というところでしょう。

　ここに掲げたような，証券会社が顧客との間で行う外国証券の取引や公募・売出しに関しての規制は，日本証券業協会の「外国証券の取引に関する規則」（公正慣習規則第4号）に定められています。

ストックオプション

　（図表59）は平成16年の新規上場会社175社のうち，上場時点で権利行使をされていないストックオプション，新株予約権付社債等を発行している会社の数です。ストックオプションは99社（56.6％）にものぼる会社が，これを上場前に交付し未行使のまま上場していることがわかります。しかし，ストックオプションの付与に際しては，それにより発行される株式数，権利行使が可能となる時期，行使価格などの条件設定には慎重な検討が必要です。

第四章　株とお金編（資本政策・新規公開株）

◆▷ **図表59　潜在株式が存在する会社数（平成16年）** ◁◆

潜在株式の種類	会社数
ストックオプション	99
新株予約権付社債の新株予約権	24
種　類　株	2
合　　　計	125（注）

（注）1社で数種の潜在株式がある会社が19社ありますので，実質の会社数は106社です。

　平成17年3月29日，名証セントレックスにエフェクター細胞研究所が上場されました。

　同社は，細胞動態の制御による癌やアレルギー等の病態に対する医薬品の開発を行う東京大学発のバイオベンチャーで，社長の金ヶ崎氏は東大の名誉教授です。公開価格は38万円。新規公開株の抽選にあたった投資家は，さぞかし上場初日が楽しみだったことでしょう。

　ところが，上場初日は売り気配のまま値がつかず，2日目になってようやく24万円で初値をつけました。3日目の3月31日にはさらに値を下げ，その日の終値は公開価格の約半分の18万8千円となりました。その後も株価は冴えない動きを続け，4月6日となって遂に同社は「役社員等保有ストックオプションの権利行使による取得株式の継続保有（ロックアップ）措置」を公表しました。

　ロックアップは20ページで述べたとおり，上場前に株式やストックオプションを取得した者が，上場後の一定期間は株式を売却しないとする約束事です。これを決めておく場合には，発行会社は上場前の段階で覚書を締結しておくのが一般的で，上場後のロックアップ締結はきわめて異例の措置といえるでしょう。

　同社は上場前に新株引受権付社債を2回，ストックオプションを8回発行しています。このうち，上場直前の段階で50,040株が権利行使されずに潜在株式として存在しています。

　これに対し，同社の新規公開株数は，公募10,000株，売出し9,500株で，

発行済み株式数は公募株10,000株を含めて98,050株です。

潜在株式50,040株の内訳は次のとおりです。

① この時点で既に権利行使が可能となっているもの　12,540株（1,000株）

② 3日後の4月9日から権利行使可能となるもの　31,800株（28,690株）

③ 平成17年10月28日以後に権利行使可能となるもの

5,700株（4,450株）

このうちロックアップの対象となったのは，同社の役員・社員が保有するストックオプションで，（　）の中に記載した株数です。

つまり，上場直後の株価低迷にさらに拍車をかけるおそれが高い，31,800株もの大量のストックオプションの行使開始日が4月9日に迫っていたのです。このうちの28,690株は役員・社員の所有です。

このストックオプションの行使価格は，1万円です。株価は公募価格38万円の半値となったとはいえ，1万円で買えるとなればこれを行使して，うまく売り抜けたい誘惑にかられるのも仕方のないところでしょう。この大量売りは，何としてでも食い止めなければなりません。

これが，異例のロックアップ措置を同社にとらせた背景と考えられます。

ロックアップ覚書の締結は4月7日，ロックアップ（継続保有）期間は，代表取締役2年，取締役・監査役1年，従業員その他6ヶ月，となっています。

資本金・発行済株式・潜在株式

かねてより証券取引所では，株主が会社の実質的所有者で株式はその株主持分を表している，という考えをとってきました。そのため証券取引所では，株主持分の一部である資本金だけに焦点をあてて，それを基準として何かを決めるということはほとんどないようです。上場審査基準においても，各証券取引所が上場申請会社に求めているのは株主持分である純資産額の規模であり，資本金額の規模ではありません。また発行株式の規模に関する基準では上場株式数や時価総額等が一定水準以上であることを求めており，ここでも資本金額は問題としておりません。

第四章　株とお金編（資本政策・新規公開株）

　しかし，資本金は会社が保持しなければならない財産の最低限の額ともいえ，債権者保護の立場からすると依然として意味のある数字であり続けているといわれます。資本金を減少する時，すなわち減資を行う時には，債権者への公告や総会での特別決議など，商法では厳格な手続を定めているのはこのためです。

　（図表60）は上場に際しての公募増資直前の時点における，平成16年新規上場会社の資本金別分布状況です。これによると，1億円～5億円のランクに社数が集中しており，新規上場会社の規模に関する一応の目安とすることができるでしょう。

　このような意味を持つ資本金に対し，その会社の発行済株式数の大小は，投資家にとっては資本金額よりもはるかに注目すべき数値といえるものです。株価を含めて物の値段は，直接的にはその物に対する需要と供給の関係により決

◆ 図表60　上場承認時資本金別社数分布（平成16年）◆

資本金	社数
億円以上　億円未満	社
0～　1	7
1～　5	102
5～　10	32
10～　20	16
20～　30	2
30～　40	5
40～　50	1
50～　60	
60～　70	1
70～　80	
80～　90	1
90～100	
100億円以上	8
合　計	175

上場承認時資本金別社数分布（平成16年）

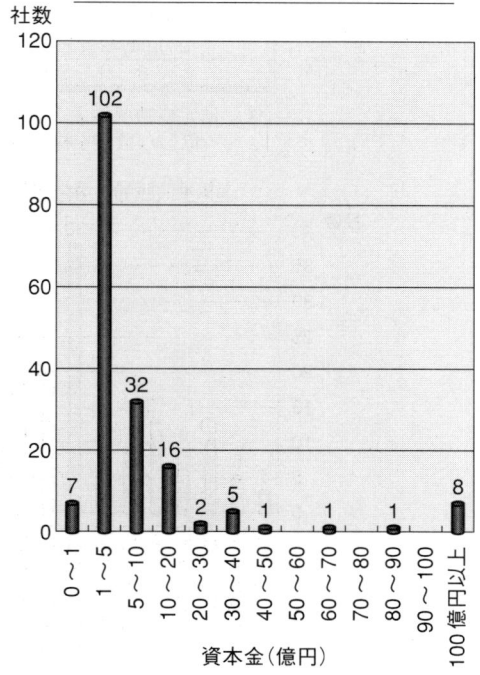

◆◇ 図表61　上場承認時発行済株式数別社数分布（平成16年）◇◆

発行済株式数	社数
株以上　　株未満	社
1 ～ 4,000	3
4,000 ～ 5,000	5
5,000 ～ 6,000	10
6,000 ～ 7,000	9
7,000 ～ 8,000	13
8,000 ～ 9,000	9
9,000 ～ 10,000	4
10,000 ～ 20,000	38
20,000 ～ 30,000	18
30,000 ～ 40,000	14
40,000 ～ 50,000	11
50,000 ～ 60,000	8
60,000 ～ 70,000	5
70,000 ～ 80,000	4
80,000 ～ 90,000	2
90,000 ～ 100,000	4
100,000 ～ 200,000	5
200,000 ～ 300,000	6
300,000株以上	7
合　計	175

（注）単元株制度導入会社は1単元の株数で除した数値を株式数としてある。

上場承認時発行済株式数別社数分布（平成16年）

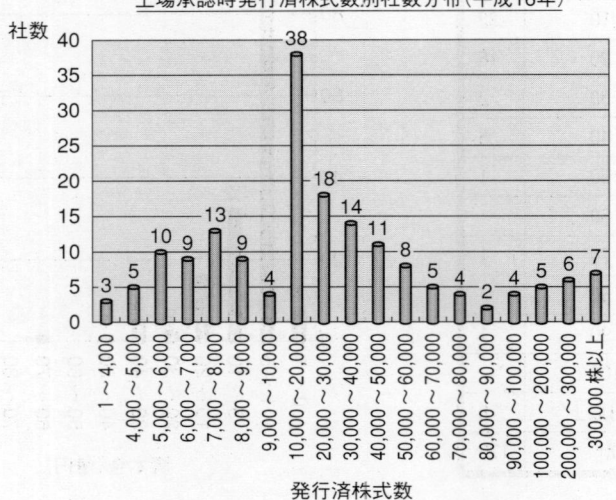

まりますが，発行済株式数はその関係における供給量に係わる指標であるからです。

（図表61）は，発行済株式数（単元株制度を導入している会社の場合には，1単元の株式数で除した数）別の平成16年新規上場会社数の分布です。これによれば，発行済株式数が10,000～20,000株のレンジに最も多くの会社が集中しています。

◆◇ 図表62　上場承認時発行済株式数最大値（株，単位）◇◆

		第1位		第2位	
		会社	株数	会社	株数
平成16年	既存市場	国際石油開発	1,919,832	電源開発	1,388,080
	ジャスダック	イー・トレード証券	254,380	エフジェーネクスト	140,483
	マザーズ	タカラバイオ	222,000	新華ファイナンス	181,275
	ヘラクレス他	エイチ・エス証券	297,785	賃貸住宅ニュース	235,000
平成17年上半期	既存市場	博報堂DYH	388,558	NECリース	182,334
	ジャスダック	ジュピターテレコム	5,146,074	アッカネットワークス	104,196
	マザーズ	ディーエヌエー	134,191	アドバンストメディア	89,500
	ヘラクレス他	日本通信	213,204	マルマン	106,250

◆◇ 図表63　上場承認時発行済株式数最小値（株，単位）◇◆

		第1位		第2位	
		会社	株数	会社	株数
平成16年	既存市場	穴吹興産	3,705	東日本ガス	6,360
	ジャスダック	妙徳	3,293	バッファロー	4,429
	マザーズ	船井財産コンサル	3,126	アマナ	4,350
	ヘラクレス他	ジェイエムネット	4,356	イーウェーブ	5,660
平成17年上半期	既存市場	極東証券	30,575	グリーンホスピタル	45,156
	ジャスダック	ハビックス	3,687	ワイエスフード	5,746
	マザーズ	ファーストエスコ	6,282	ドリームバイザー	7,487
	ヘラクレス他	タイセイ	3,240	セレブリックス	4,005

（図表62），（図表63）は平成16年・17年上半期上場会社で発行済株式数が最大・最小であった会社のリストです。

最大では，100万株を超える会社としてジュピターテレコム，国際石油開発，電源開発がリストアップされていますが，これ以外にも平成16年東証第一部上場の新生銀行の135万株があります。

このなかで，平成17年3月にジャスダックに上場したジュピターテレコムは，発行済株式数514万株と突出した大きさです。同社の発行済株式数は，上場に際しての公募増資やグリーンシューオプション（注）の行使等によりさらに増加し，上場日の翌月には635万株となっています。これは既上場会社でいえば，新日本製鐵の674万単元にほぼ匹敵する大きさです。

発行済株式に対し，新株予約権付社債の新株予約権やストックオプションのように，その所有者が将来，普通株式の発行を会社に請求することができる権利が潜在株式です。潜在株式が権利行使されて普通株式になると，発行済株式数が増え，1株当たり利益が希薄化されて株式価値の判断に影響を与えます。また，株主構成にも影響が出てきますので，潜在株式の存在は，投資判断に際しての重要な要素の一つといえるでしょう。

（図表64）は，平成16年新規上場会社が，上場承認された時点で抱えていた潜在株式の比率別に社数を集計したグラフです。

さらに，平成16年と17年上半期の新規上場会社の中から，潜在株比率20％以上の会社を抜き出したのが（図表65）です。

先ほど紹介をしたエフェクター細胞研究所は潜在株比率36.2％で，この1年半に上場した会社のなかではもっとも高い比率です。次に潜在株比率が高いのは新生銀行で，33.0％の潜在株比率です。この潜在株式は，整理回収機構等へ第三者割当増資で割り当てた優先株式で，旧日本長期信用銀行の破綻に伴い投入された公的資金の一部です。潜在株式比率30％以上のもう1社，エルピーダメモリの潜在株式はストックオプションと三種類の種類株式で，それら

（注） 123ページのオーバーアロットメントの項を参照。

第四章　株とお金編（資本政策・新規公開株）

◆◇ 図表 64　上場承認時潜在株比率別社数分布（平成 16 年）◇◆

潜在株比率	社数
％以上　　　％未満	社
無し	69
0.0 ～ 1.0	8
1.0 ～ 2.0	9
2.0 ～ 3.0	8
3.0 ～ 4.0	7
4.0 ～ 5.0	7
5.0 ～ 6.0	6
6.0 ～ 7.0	4
7.0 ～ 8.0	5
8.0 ～ 9.0	8
9.0 ～ 10.0	8
10.0 ～ 15.0	18
15.0 ～ 20.0	11
20.0％ 以上	7
合　計	175

（注）潜在株比率＝潜在株数÷（発行済株数＋潜在株数）

上場承認時潜在株比率別社数分布（平成16年）

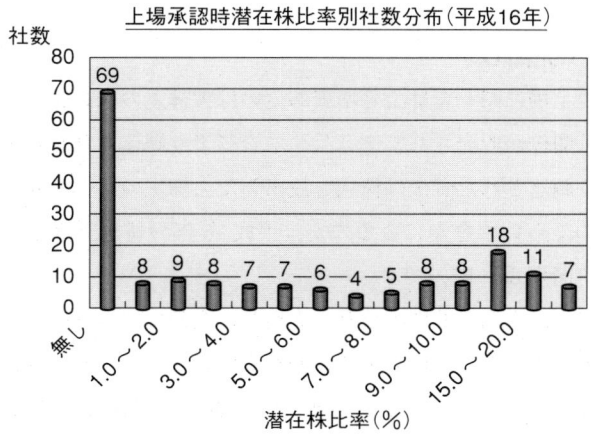

◆ 図表65　上場承認時潜在株比率20%以上の会社（平成16年，17年上半期）◆

	会社名	市場	潜在株比率
16年	新生銀行	東証I	33.0
	エルピーダメモリ	東証I	32.2
	やすらぎ	セントレックス	26.1
	東誠不動産	ジャスダック	25.7
	セキュアードキャピタルジャパン	マザーズ	24.2
	アルファトレンド	アンビシャス	23.1
	フィデック	マザーズ	21.8
17年上半期	エフェクター細胞研究所	セントレックス	36.2
	セレブリックス	ヘラクレス	27.2
	ザッパラス	マザーズ	22.4

潜在株比率＝潜在株数÷(発行済株数＋潜在株数)

の種類株式は議決権、残余財産の分配、普通株への転換などの権利の内容がそれぞれ異なっているものです。

2 株式公開でいくらのお金が集まるか

上場時公募・売出し

　通常，新規上場に際しては公募増資あるいは大株主の株式売出しにより，投資家に新規公開株が販売されます。公募増資により調達された資金は会社へ，売出しにより調達された資金は株式を放出した大株主の懐へと収まります。これが一体どのくらいの金額になるのか，平成16年の新規上場を，上場市場別に見たのが（図表66，67）です。

　どの市場でも，上場会社別の公募，売出しの金額は広く分散しているため，分布の中位数で1社あたりのおよその額をみてみましょう。それによると，公募調達額は既存市場で約16億円，新興市場で約7～8億円，売出し総額は既存

第四章 株とお金編（資本政策・新規公開株）

◆▶ **図表66 新規上場時公募調達額（平成16年）** ◀◆

(単位：百万円)

		平均値	中位値	最大値	最小値
東証一・二部等の既存市場		8,350	1,645 アートコーポレーション	96,923 エルピーダメモリ	307 東日本ガス
新興市場	ジャスダック	1,158	705 オプト	20,680 イー・トレード証券	100 プラネット
	マザーズ	1,412	837 メディアエクスチェンジ	10,453 そーせい	248 京王ズ他
	ヘラクレス他	1,191	717 エイペックス	10,462 エイチ・エス証券	94 ブレインナビ

（注）公募を行っていない会社が，既存市場3社，ジャスダックに1社あります。

◆▶ **図表67 新規上場時売出総額（平成16年）** ◀◆

(単位：百万円)

		平均値	中位値	最大値	最小値
東証一・二部等の既存市場		35,861	2,570 ユニチャームペットケア	374,781 電源開発	193 クリヤマ
新興市場	ジャスダック	776	537 シーズクリエイト	3,300 イー・トレード証券	70 メディカル一光
	マザーズ	731	624 エムピー・テクノロジー	3,910 ソネット・エムスリー	45 京王ズ
	ヘラクレス他	662	192 店舗流通ネット	4,356 賃貸住宅ニュース社	42 ジェイエムネット

（注1）売出しを行っていない会社が，既存市場1社，ジャスダック3社，マザーズ9社，ヘラクレス等3社あります。
（注2）売出総額にはオーバーアロットメントによる売出しを含めています。

市場で約25億円，新興市場で約5～6億円といったところでしょうか。

　公募額のトップは，東証第一部に上場したエルピーダメモリの970億円で，海外での募集も含みます。

◆ 図表 68　新規上場時資金吸収額（公募＋売出）分布（平成 16 年）◆

金額（億円）	既存市場	ジャスダック	マザーズ	ヘラクレス他	合　計
	社	社	社	社	社
〜　5	1	8	7	7	23
5〜 10	3	18	10	7	38
10〜 20	3	22	20	4	49
20〜 30	2	13	8	3	26
30〜 40	3	6	4		13
40〜 50		2	2		4
50〜 60			1		1
60〜 70	1	1	2		4
70〜 80					
80〜 90	2		1	1	4
90〜100	1				1
100〜	9	1	1	1	12
合　　計	25	71	56	23	175

新規上場時資金吸収額（公募＋売出）社数分布
（平成 16 年）

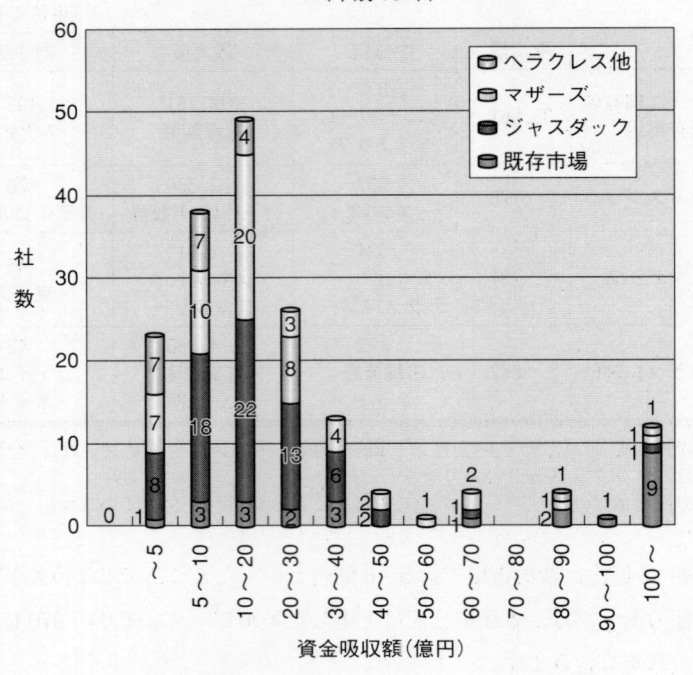

第四章　株とお金編（資本政策・新規公開株）

　売出総額の方では，トップは東証第一部上場の電源開発（J-POWER）で海外売出しを含む3千7百億円，公募無しの株式公開です。売出元は政府系のJ-POWER民営化ファンドと東京電力をはじめとする電力会社9社です。

　第2位も東証第一部上場の新生銀行で2千5百億円，こちらも海外売出しを行い，公募増資はしておりません。売出元はアメリカ系の投資会社リップルウッドが中核となった投資ファンドのニューLTCBパートナーズとCGRケイマンLPで，持株の約1/3にあたるおよそ47万単元を新規公開株として売出しました。

　さて次に，公募・売出しを行った会社のなかでの最小値ということになると，公募ではヘラクレスに上場したブレインナビの9千4百万円です。同社は公募と併せて1億6千万円の売出しも実施しており，役員1名と法人1社が売出元となっています。

　売出総額の最小値は，福証Q-Boardに上場したジェイエムネットの4千2百万円で，社長など2名の役員個人による売出しです。同社は売出しの他，公募増資により2億6百万円を調達しています。

　なお，正確には公募額についてはこれを実施しなかった4社，売出総額は実施しなかった16社が，調達額0円のため最小値の会社であることは言うまでもありません。ただし，マザーズでは新規上場に際して500単位以上の公募を，ヘラクレスとセントレックスでは500単位以上の公募もしくは売出しを，それぞれ実施することが上場の条件となっており，他の市場も含めて公募，売出しの双方とも実施をしなかった会社はありません。株式公開をした会社の集計ですから，それを実施しない会社などないのは当り前といえば当り前の話です。

　（図表68）は，平成16年新規上場会社の公募と売出しを併せた金額別の会社数の分布状況です。いわば，新規公開株の1社あたり販売金額の分布ともいうもので，金額にはオーバーアロットメントによる売出しを含んでいます。

オーバーアロットメント

　公募・売出しに際して，投資家の需要が供給株数を大きく上回る状況の時は，

主幹事証券会社が大株主から一時的に株券を借り受けて，これを公募・売出しに追加して売出すことがあります。これをオーバーアロットメントといい，当初の公募・売出しの予定数量の15％まで追加して売出すことが認められています。（図表67）の売出総額には，このオーバーアロットメントによる売出額が含まれています。

　オーバーアロットメントを実施した会社は，平成16年上場会社175社のうち77社（44.0％）あります。このうちエルピーダメモリなど7社は，当初の売出しは行わずに公募増資とオーバーアロットメントによる売出しだけを実施しています。

　主幹事証券会社は，オーバーアロットメントにより借り受けた株券を売り出し後に持ち主の株主に返却することになりますが，そのための株券調達方法には二つあります。上場後の株価が公開価格（借受け価格）を下回っているときは，市場で買付けを行い調達します。これをシンジケートカバー取引といい，株価を下支えする効果が期待できます。

　逆に上場後の株価が公開価格を上回っているときには，あらかじめ株券の借り受け時に付与されていたコールオプション，すなわち公開価格と同じ値段で株券を買うことができる権利を行使して株券を調達します。この権利を，グリーンシューオプションといいます。

　それでは，グリーンシューオプションの行使により，主幹事証券会社は誰から返却のための株券を買い付けるのでしょうか？

　これには，発行会社から主幹事証券会社が第三者割当増資を受けて株券を調達する方法と，株券の貸し手であった株主から調達する方法の二つがあります。後者の方法によれば，貸し手から借り手に株券が売却されることになりますから，その代金は主幹事証券会社から，貸し手であった株主に支払われることになります。ところが，売却された株券は売主である貸し手に即刻返済されることになりますので，株券は実際には動きません。実質的には貸し付けた株券は投資家への販売代金で返済されたことになり，株券の貸し借りがお金で清算されることになるわけです。

第四章　株とお金編（資本政策・新規公開株）

　主幹事証券会社はシンジケートカバー取引を実施する場合，あるいはグリーンシューオプションを行使する場合は，いずれも上場後の一定期間（1か月弱）内に行うこととされています。先ほどの新生銀行の例では，売出人であるニューLTCBパートナーズは，44万単元の当初売出しに加え3.6万単元のオーバーアロットメントによる売出しを行っています。この3.6万単元は，主幹事の日興シティグループ証券が，LTCBパートナーズから借り受けて投資家に販売したものです。同証券が借りた株の返却は，同証券がグリーンシューオプションを行使してLTCBパートナーズから3.6万単元を買い受け，その代金（投資家への販売代金と同額の190億円）で返済されたことになっています。

売出株の放出元

　平成16年の新規上場会社175社のうち，売出しを実施した会社は159社（90.9％）ありました。この159社のうち7社は当初の売出しはせずに，オーバーアロットメントによる売出しのみを実施しています。

　（図表69）は，オーバーアロットメントを除く当初の売出しを行った152社

◆◇　図表69　売出株の放出元（平成16年）　◇◆

放出元		社数	割合
		社	％
個人	役員	118	77.6
	役員以外の特別利害関係者	54	35.5
	その他の個人	11	7.2
法人	財産保全会社	11	7.2
	親会社等	23	15.1
	ベンチャーキャピタル	36	23.7
	その他の法人	39	25.7
売出会社数合計		152	100.0

（注1）オーバーアロットメントによる売出しは除く。
（注2）放出元の属性別社数は，1社で複数の属性からの売出しがあるため，売出会社数合計とは一致しない。

◆ 図表70　売出しを行った
役員の数（平成16年）◆

売出役員数	社　数	割　合
人	社	%
1	57	48.3
2	27	22.9
3	23	19.5
4	3	2.5
5	1	0.8
6	7	5.9
合　計	118	100.0

の売出元の属性について集計したものです。これによれば，役員が売出株を放出した会社が118社（77.6%）にものぼり，努力の甲斐あって創業者利得を実現したことになります。

それではその118社では，役員のうちの何人が売出しを行ったのでしょうか。

（図表70）は売出しを行った役員数の集計ですが，これによれば役員が売出しを行った118社の約半数にあたる57社が1人の役員のみによる売出しです。役員3人以内の売出しにまで範囲を広げると，役員が売出しを行った会社の約9割の107社がこれに該当していることがわかります。

上場することにより役員が持株を放出して創業者利得を実現した会社の数は多いものの，実際に売出しを行った役員の数は意外に少ないように思われます。

3　公開価格と上場初値の関係

公開価格はいつでも割安

新規公開株の公開価格の決め方は，今ではほとんどがブックビルディング方式で決められます。

かつては類似会社比準方式や入札方式などにより決められていた時期もあり

第四章　株とお金編（資本政策・新規公開株）

ました。しかし，どのような方式を採用しても，そこで決められた公開価格に比べて，上場日に市場で付けられる株価の方が高くなるケースが圧倒的に多いのです。そのため，値上がり確実といわれた上場予定の未公開株が不透明な販促活動の手段として使われたこともあり，これまで幾度となく公開価格の決定方法についての見直しが行われてきました。

その結果，現在は投資家の需要動向を反映したブックビルディング方式に落ち着いているのですが，この方法ですら上場初値が公開価格を上回る例がほとんどです。公開価格が決まる日から上場日までのわずか10日あまりの間に，その会社の株価に重大な影響を及ぼすニュースが発表されたわけでもないのに，株価は2倍にも3倍にも跳ね上がります。

平成16年1月から平成17年6月までの1年半の間に新規上場をした250社について，上場初値が公開価格を下回ったのはわずか8社に過ぎません。また，250社の公開価格に対する上場初値の上昇率の平均は116.3%と2倍以上の値上がりとなっています。

この価格差は一体何に由来するものなのでしょうか？

発行会社の株式価値評価には欠かせないファンダメンタルズの指標は，公開価格決定時から上場初日までに変化したわけではありませんので，株価が乖離する理由は他にあると考えられます。

言うまでもなく価格は需要と供給の関係において決まります。公開価格の決定方法であるブックビルディングは，この需給の関係に着目した株価決定方法ではありますが，需給の均衡するところに価格を発見するという手続を踏むわけではありませんので，自ずと限界もあります。すなわち，ブックビルディングとは，所与の供給量に対して価格帯をあらかじめ決めてそれを仮条件として提示し，その提示した価格帯の範囲内でどのくらいの需要があるのかを探り，その結果を踏まえて提示をした価格帯の範囲内で株価を決定する手続です。

そのため，実際には提示された価格帯の水準ではほとんどのケースで需要量が供給量をはるかに上回ることになりますが，一旦提示をされた価格帯は引き上げられることはありません。その結果，実態としては仮条件の上限値段を公

開価格とするケースがほとんどで，上限値段よりも低い値段で公開価格が決定されたのは，上記250社のうち新華ファイナンスと丸八証券の2社のみです。あとの248社は仮条件の上限で公開価格が決まっているのです。

つまり，仮条件の上限の値段であっても供給量以上の需要が見込まれる状況にもかかわらず，実際には仮条件の上限値段を公開価格としている，というわけです。

また，需要の超過に対してオーバーアロットメントとして認められた供給量の追加分は，新規公開株の15％の量が限度です。しかも，オーバーアロットメントによる追加供給は義務付けられているわけではありませんから，オーバーアロットメントを用意しているケースは124ページにもあるとおり，新規上場会社のうちの約4割に過ぎません。このようなことから，ブックビルディングは需給動向に着目した価格決定方法とはいえ，一定の条件を課せられているため，需給を正確に反映するという点では限界があると言わざるを得ません。

一方，これに対して上場初値については，オークション方式というせり売買の方法によって需給に基づいた価格が決められます。しかも，上場初日の売買に参加する売り方も買い方も，その投資行動は短期の利鞘をねらう投資家が多いといわれています。彼らの関心事は，株価の水準ではなくて株価の変化率であり，その場合の投資判断のファクターとして最も重視されるのは，その時の需給を表す「板」(注)の状態にあります。

このように，需要の超過を完全には反映できないで決められた公開価格と，株価水準よりもその時の需給状態に関心が注がれて形成された上場初日の株価は，あたかもそれが当り前のように上方に乖離をして行くことになります。

このように公開価格が上場初値に対して結果的に低く設定されてしまう背景には，新規公開株の販売で万一にも売れ残ってしまうリスクと，上場後の株価が公開価格を下回ってしまうリスク，これらのリスクを最小限に抑えたい意向

(注) 銘柄別の注文控えのことを板と呼び，一般に公表されている板は，現在の価格に対して上値と下値のそれぞれ5本ずつの値段について，売り買い別の注文数量が開示をされています。

第四章　株とお金編（資本政策・新規公開株）

が働く引受証券会社，新規上場会社，投資家のそれぞれの思惑が反映されているようにも思えます。

値上りランキング

これまでは，IPOの上場初値は公開価格を上回るケースが圧倒的に多かったと言えますが，その乖離の程度については，会社ごとに大きく差があります。

（図表71）は，平成16年1月から平成17年6月までに上場をした250社のうち，上場初値が公開価格をどのくらい上回ったのかについて，上昇率上位10社と下位10社をランキングしたものです。

この期間に上場した会社のなかで値上り率の第1位は，平成17年5月にヘラクレスに上場した営業コンサルティング会社のセレブリックスで，値上り率は639.1％，主幹事はディー・ブレイン証券です。同社の公開価格は46万円，

◆❯　図表71　公開価格　vs 上場初値値上り率
　　　ランキング（平成16年〜17年上半期）❮◆

値上り率上位10社				値上り率下位10社			
No	会社名	市場	値上り率	No	会社名	市場	値上り率
			％				％
1	セレブリックス	H	639.1	250	エフェクター細胞研究所	C	−36.8
2	リンク・ワン	M	602.5	249	21 LADY	C	−14.5
3	アライヴコミュニティ	H	566.7	248	賃貸住宅ニュース	H	−11.1
4	セック	J	515.4	247	新華ファイナンス	M	−6.9
5	エムビーエス	Q	500.0	246	三星食品	H	−4.9
6	デュオシステムズ	M	480.0	245	GMB	大阪	−3.6
7	GMOペイメントゲートウェイ	M	462.5	244	エヌ・ティ・ティ都市開発	東京	−1.1
8	ネットプライス	M	442.4	243	エイチ・エス証券	H	−0.7
9	メッセージ	J	426.3	242	エスアールジータカミヤ	J	0.0
10	レイコフ	H	380.0	241	ジュピターテレコム	J	0.0

（注）M：マザーズ　H：ヘラクレス　C：セントレックス　Q：Q-Board　J：ジャスダック

これに対して上場初値は340万円です。同社株の供給サイドのデータをみると，公開株数は公募900株と売出し90株の合計990株で，オーバーアロットメントは用意されておりません。上場時の発行済株式数は4,905株ですから，公開株比率は20.2％となります。これを金額ベースでみると，同社が公募・売出しで吸収した金額は4億1,800万円，公開価格46万円で計算した時価総額は22億5千万円となります。

また，潜在株式はストックオプションの残高が1,500株あり，上場時発行済株式数に対する潜在株比率は23.4％と決して少なくはありませんが，最も早く行使開始日が到来するものは約1年先の平成18年4月となっています。

次に同社の新規公開株への需要動向については，ブックビルディングの時に同社が提示した仮条件が40万円～46万円であったのに対し，公開価格が上限の46万円で決まっていることから考えると，公開価格46万円を上回る需要があったことが推定されます。

それでは，値上り率マイナス36.8％でランキング最下位に甘んじたエフェクター細胞研究所のデータはどうでしょうか。同社は，平成17年3月に名証セントレックスに上場し，公開価格38万円に対して上場初値は24万円，主幹事はライブドア証券です。

公募株数は1万株，売出株数は9,500株でオーバーアロットメントはありませんので，新規公開株は19,500株です。上場時発行済株式数は98,050株ですから，公開株比率は19.9％となります。同社が公募・売出しで吸収した金額は71億円，公開価格で計算した時価総額は372億円で，ストックオプションを中心とする潜在株式は50,040株，同比率は33.8％(注)です。

潜在株式には，前にも紹介したとおり，既に行使が可能となっているものや上場直後に行使開始日が到来するものが多く含まれています。また，同社もブックビルディングにおける仮条件22万円～38万円の上限で公開価格が決

(注)　（図表64）で掲載した潜在株比率は，上場承認時の発行済株式数を基準に算出した比率であり，発行済株式数に公募株数が加味されておりません。そのため，ここでの潜在株比率とは異なっています。

◆ 図表72　値上り率トップと最下位銘柄の数値比較 ◆

		セレブリックス	エフェクター細胞研究所
上 場 日		平成17年5月	平成17年3月
市　　場		ヘラクレス	セントレックス
主幹事証券		ディーブレイン証券	ライブドア証券
上 昇 率		639.1%	−36.8%
公開株数		990株	19,500株
オーバーアロットメント		無し	無し
上場時発行済株式数		4,905株	98,050株
公開比率		20.2%	19.9%
吸収金額		418百万円	7,100百万円
時価総額		2,250百万円	37,200百万円
潜在株式		1,500株 （行使開始は1年後）	50,040株 （うち行使可能12,540株）
潜在株比率		23.4%	33.8%
仮 条 件		上限	上限
直前期	売 上 高	1,177百万円	478百万円
	純 利 益	31百万円	75百万円
	総 資 産	353百万円	1,321百万円
	従業員数	42人	39人

まっています。

　この最高・最低の2社に関するデータを表にまとめたものが（図表72）です。

　両社の直前期における売上高，従業員数，純利益額，総資産額などを比較すると，会社の規模としては大きな差は見受けられません。しかし，新規公開株に関して両社の間には公開株数で約20倍，公開時の公募・売出しにおける資金吸収金額で約17倍の開きがあることが特徴的です。

　もちろん，公開価格と上場初値の価格差の原因を，会社ごとの新規公開株供給量の差だけで説明できるわけではありませんが，それが影響しているらしいということについては，もう少し他のデータを使って検証をしてみましょう。

値上り率グループ別の要因分析

　先ほどの250社について，これを初値上昇率の高い順に50社ずつ五つのグループにグルーピングをしたのが（図表73）です。このグルーピングによると第1グループ50社の上昇率の平均は302.8％，第2グループは139.8％と続き，最後の第5グループの上昇率平均は5.8％となっています。

　次に，この5グループについての供給量に関するグループの平均値を並べてみたのが（図表74）です。この表からは，値上り率の高かった第1グループ，第2グループは，値上り率の低かった第4・第5グループよりも公開株式数や公開株比率，公募・売出しで吸収した金額など供給量にかかわる数値が低いということを読み取ることができるでしょう。

◆▶ 図表73　初値上昇率50位ごとのグループとグループ上昇率 ◀◆

グループ	構　成	上昇率平均
第1G	1位 〜 50位	302.8％
第2G	51位 〜 100位	139.8％
第3G	101位 〜 150位	92.0％
第4G	151位 〜 200位	40.9％
第5G	201位 〜 250位	5.8％
250社平均	1位 〜 250位	116.3％

◆▶ 図表74　上昇率グループ別データ ◀◆

グループ	公開株式数平均	吸収金額平均	公開株比率平均
第1G	4,243株	57,344百万円	17.7％
第2G	3,235株	52,848百万円	18.7％
第3G	7,648株	122,767百万円	19.2％
第4G	23,844株	534,728百万円	19.3％
第5G	86,196株	946,954百万円	25.3％
250社平均	25,033株	6,859百万円	20.0％

第四章　株とお金編（資本政策・新規公開株）

これに対して需要サイドのデータを見ると，ほとんどの銘柄がブックビルディングにおける仮条件の上限の値段でも，供給量以上の需要があったということは前にも述べたとおりです(注)。ちなみに，公開価格が仮条件の上限値段未満で決まった新華ファイナンスと丸八証券の2社は，やはり上昇率第5グループに属しており，上昇率はそれぞれマイナス6.9%とプラス11.1%でした。

以上のことから，公開価格に比べて上場初値が高くなった会社ほど，公募・売出しで供給した新規公開株の量に関する数値がおおむね低かった，ということが言えそうです。

公開価格と上場初値との間の乖離については，このように新規公開株の量が関係しているらしいことは推定できるとして，それでは，果たして需給関係以外には価格の乖離の原因を説明できることはないのでしょうか？

このような観点から，次に主幹事証券と上場時期のファクターについて検証してみることにしましょう。

主幹事証券の傾向

公開価格を決定するためのブックビルディングは，主幹事証券の主導で行われます。つまり，公開価格のプライシングは主幹事証券の主導で行われると言い換えることもできます。

それでは，プライシングにあたっての主幹事証券の傾向というようなものにないのでしょうか。引受証券会社にしてみれば，公開価格を低く設定すれば，販売する新規公開株が売れ残るリスクが低くなりますので，主幹事証券会社には公開価格を低目に決めたい誘因が働きます。一方，発行会社・大株主は公開価格はなるべく高く決めたいところですが，上場後の株価が公開価格を下回っ

(注)　ブックビルディングに需要の申告をすることは，新規公開株の取得を申し込むことではありませんが，実際には需要の申告をした投資家にこれを配分するのが実務の慣行となっています。そのため，一部の投資家が複数の証券会社に重複して需要の申告をしたり，引受証券会社が投資家からの需要を水増しして主幹事証券に報告する「空積み」などが，ブックビルディングの問題として指摘されることがあります。

ても困りますので，ほどほどの高さにしたいというところでしょう。

　このように新規公開株のプライシングを巡っては微妙に利害が錯綜するなかで，結果として上場初値との乖離が少なければ，それは新規公開株のプライシングが適切であったということでもあります。

　(図表75)はここでとりあげた250社に関し，主幹事証券会社別に上場初値

◆◇ 図表75　主幹事別上昇率 ◇◆

No	主幹事	上昇率平均	社数
1	ディー・ブレイン	345.0	4
2	岡三	200.0	1
3	東海東京	181.3	1
4	エイチ・エス	164.8	14
5	マネックス・ビーンズ	160.0	1
6	コスモ	157.1	2
7	SMBCフレンド	135.7	5
8	新光	127.2	33
9	三菱	126.2	10
10	みずほインベスターズ	121.7	15
11	こうべ	116.1	6
12	大和	108.2	37
13	いちよし	104.3	6
14	野村	101.5	53
15	東洋	98.9	5
16	UFJつばさ	97.5	17
17	HSBC	94.6	3
18	日興	83.9	37
19	みずほ	26.0	3
20	ライブドア	−36.8	1
	合　計	116.3	●254

(注）共同主幹事3件4社は重複カウントのため社数
　　 合計は254社となっている。

第四章　株とお金編（資本政策・新規公開株）

の上昇率の平均を集計したものです。上昇率第1位はディー・ブレイン証券で、同証券が主幹事となった新規上場会社4社の上昇率の平均は345.0%となっています。最下位となった第20位のライブドア証券は、主幹事をつとめたのが前述したエフェクター細胞研究所1社であったため、マイナスの乖離状況です。

ここに紹介をした主幹事証券別のデータは、あくまで平成16年〜17年上半期だけのものですが、証券会社別の傾向があるとするならば、それを読み取るためにはさらに長いスパンでのデータを検証してみることが必要でしょう。

上場時期の問題

新規上場銘柄が市場にデビューする時に、たまたま株式市場全体の相場環境が悪かったということならば、新規上場銘柄といえどもその影響は受けるでしょう。

このような観点から、例の250銘柄について上場日別に初値の上昇率をプロットし、それと市場全体を表す指標のTOPIXを重ねてみたのが（図表76）です。この表からは、平成16年から平成17年6月にかけてのTOPIXの動きに符節を合わせるように、新規上場銘柄の初値の上昇率が分布をしているように見受けられます。

公開価格がその時の相場の流れを完全には反映し切れていないのに対し、上場初日の投資家の注文状況の方は、相場環境に大きく影響を受けているということなのでしょう。やはり、IPOをめぐる世界にも運というものがつきもののようです。

本書は、IPOに関するデータを読み解くことをテーマとしていますので、新規上場会社の上場後の株価を追跡するのは本書のテーマとする範疇を越える領域です。しかし、「禍福はあざなえる縄の如し」の諺に従えば、直感的には、上場初値の上昇率が低かった銘柄ほど、その後の比較的短期間における株価の上昇率は高くなるような気がします。

投資判断の参考として興味のある読者は、是非ご自分で初値上昇率とその後の騰落率について、相関の有無を検証してみてはいかがでしょうか。

◆〉 図表76　上場日別初値上昇率と TOPIX 〈◆

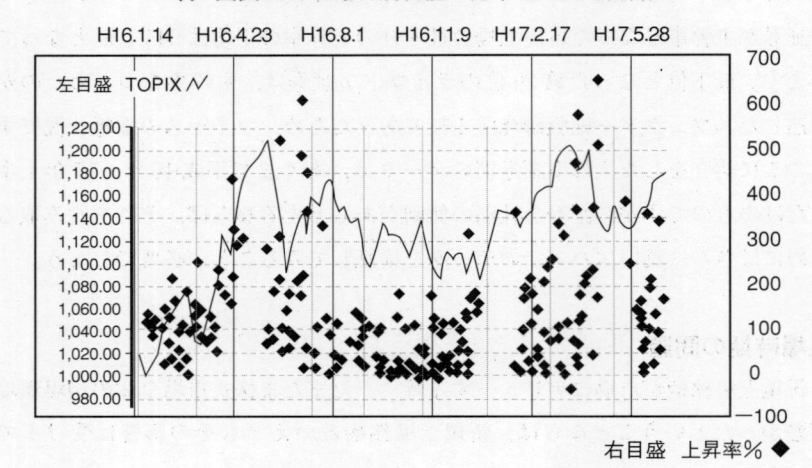

編者紹介

亜細亜証券印刷株式会社
ディスクロージャー実務研究会

〒105-0003　東京都港区西新橋3丁目16番11号
TEL：03-5777-3110

　ディスクロージャーに関する情報加工サービスの専門会社として，株式公開，ファイナンス，決算，株主総会関連の情報開示やIRに至るまで，事業会社のディスクロージャー活動をトータルにサポートする亜細亜証券印刷株式会社が1995年に設置。近年激しく変化しつつあるディスクロージャー制度に対応するタイムリーな情報サービスで実務家を支援している。

　企業の実務家，監査法人等の方々から高い評価を得ている『有価証券報告書作成の手引き』を始め，約八十種類におよぶ記載例・実務ガイドブックなどを作成，提供。また証券取引法・商法・IPO・電子開示・IRの各分野の最新情報を提供するセミナーも年間二百回近く開催。近著に『別冊商事法務：召集通知・議案の記載事例』(2005.1 商事法務社刊)，『四半期情報開示実務ガイダンス』(2003.12 東洋経済新報社刊)，このほか『ディスクロージャー研究』『株式上場白書』など多数の刊行物や資料，実務家支援Webサイトなど幅広い情報サービス活動を展開している。

編者との契約により検印省略

平成18年2月10日　初版発行

データで読み解く
IPOの世界

編　者	亜細亜証券印刷株式会社 ディスクロージャー実務研究会
発行者	大　坪　嘉　春
製版所	美研プリンティング株式会社
印刷所	税経印刷株式会社
製本所	株式会社三森製本所

発行所　東京都新宿区下落合2丁目5番13号　株式会社 **税務経理協会**

郵便番号 161-0033　振替 00190-2-187408　電話 (03) 3953-3301 (編集部)
FAX (03) 3565-3391　　　　　　　　　 (03) 3953-3325 (営業部)
URL　http://www.zeikei.co.jp/
乱丁・落丁の場合はお取替えいたします。

© 亜細亜証券印刷株式会社ディスクロージャー実務研究会　2006　Printed in Japan
本書の内容の一部又は全部を無断で複写複製（コピー）することは，法律で認められた場合を除き，編著者及び出版社の権利侵害となりますので，コピーの必要がある場合は，予め当社あてに許諾を求めて下さい。

ISBN4-419-04697-X　C2034